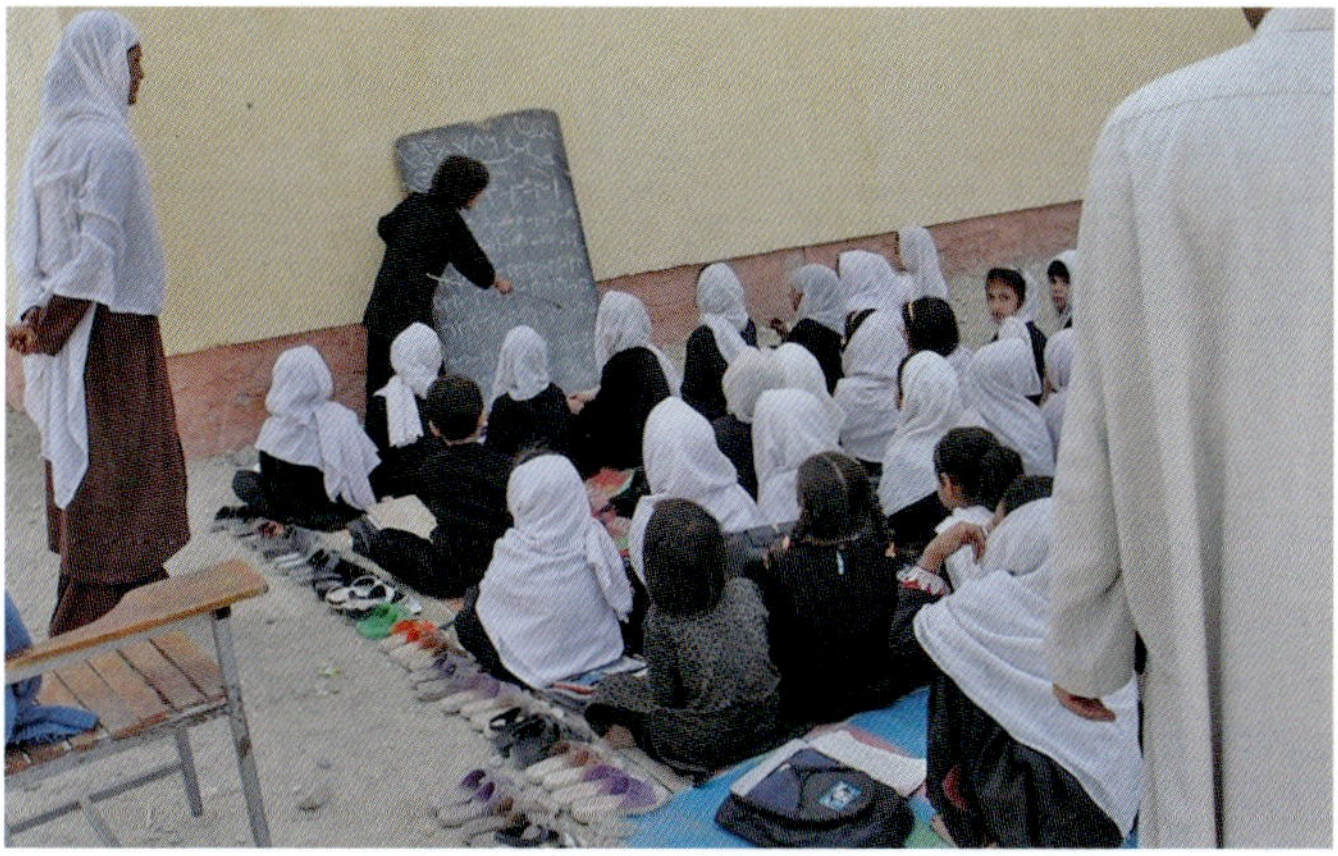

ナンガルハール州立大学教育学部附属小学校（ジャラーラバード）で
学ぶ子どもたち（2004年、桐生佳子）

ヘワ難民キャンプ（ペシャーワル近郊、パキスタン）内の
女子高（2005年、小島規子）

ヘワ難民キャンプの子どもたち（2005年、小島規子）

RAWA主催の国際女性デーの集い（ラーワルピンディー、パキスタン）で踊るアフガン難民の若者たち（2009年、関本民雄）

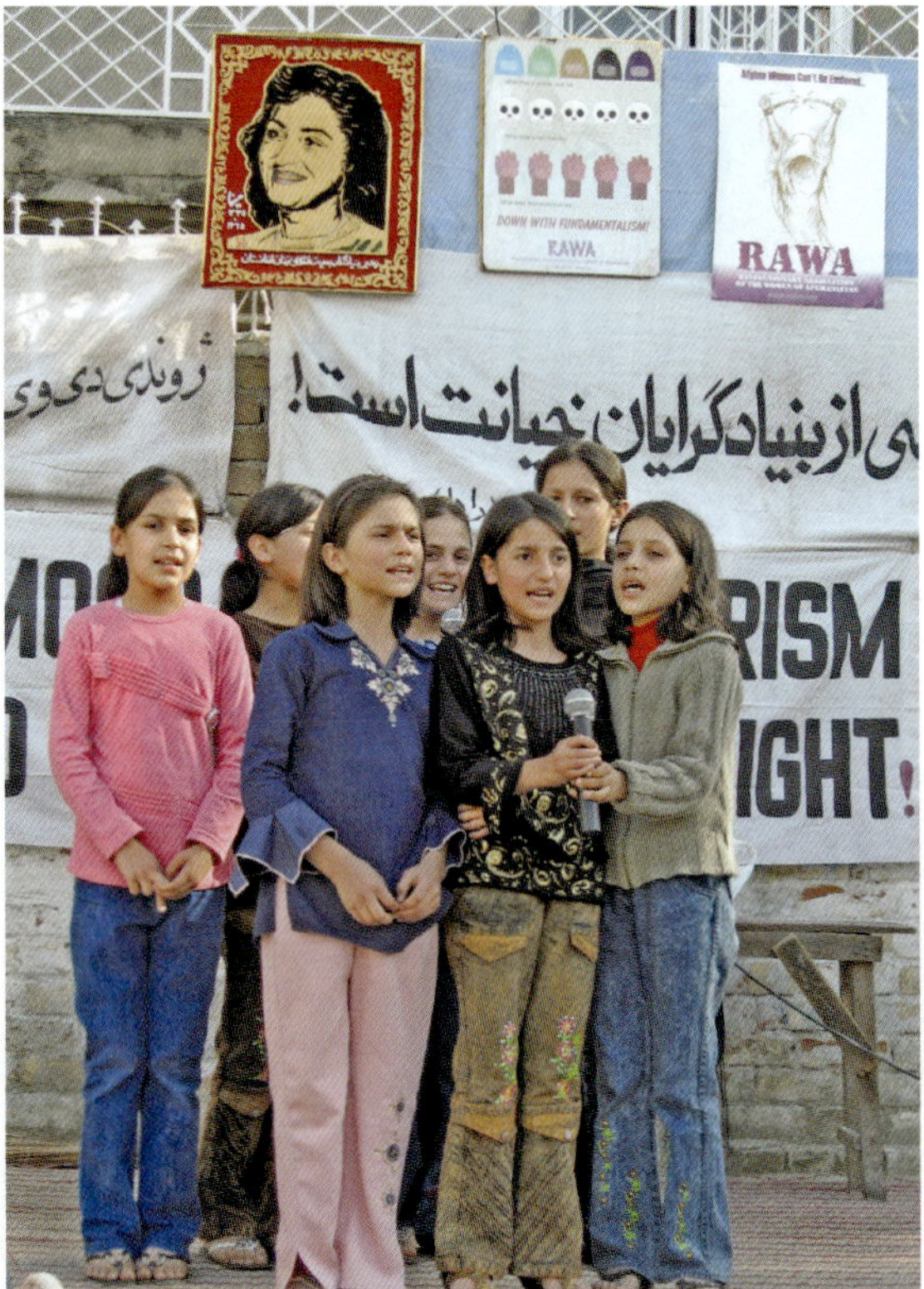

RAWA主催の国際女性デーの集い（ラーワルピンディー）で歌うアフガン難民の子どもたち（2009年、関本民雄）

RAWA運営のワタン孤児院（ラーワルピンディー）で折り紙を楽しむ
アフガン難民の子どもたち（2009年、関本民雄）

カーブルの街を歩く女性たち（2013年、桐生佳子）

カーブルの中心部にある小高い山。上の方にまで家が建てられている（2013年、清末愛砂）

カーブルで見かけた主食のナン（パン）を売るお店。各所にナン屋がある（2013年、清末愛砂）

飛行機から見えたカーブル近郊の住宅地（2015年、清末愛砂）

平和とジェンダー正義を求めて

アフガニスタンに希望の灯火を

はじめに

アフガニスタン、この国がどこにあるか。地球儀を一回転させて、すぐに位置を指さすことのできる人はいるでしょうか。

アフガニスタン、この国にはどんな歴史があるか。ギリシャ、ペルシャから現代に及ぶ長い歴史を説明できる人はいるでしょうか。

アフガニスタン、この国を代表する人物を私たちはどれだけ挙げることができるでしょうか。アル＝カーイダのビン・ラーディンを真っ先に思い出す人がいるかもしれません。しかし、ビン・ラーディンはサウジアラビア人であって、アフガン人ではありません。強権支配を続けた軍事集団のターリバーン。宗教指導者のオマル。ソ連と闘ったムジャーヒディーンたち。北部同盟の軍事指揮官だったマスード。ターリバーン崩壊後に大統領となったカルザイ。長期の亡命から帰国したザーヒル・シャー。アフガニスタンに関心を持ったことのある人なら、こうした名前を列挙するかもしれません。

残念なことに、戦乱と抑圧のアフガニスタンで、民主主義と女性の権利を求めて闘ってきた女性たちのことは、あまり知られていません。アフガニスタン女性革命協会（ジャミヤット・エンケラービ・ザナーン・アフガニスタン、英語の略称ＲＡＷＡ）は、１９７０年代に設立されて以来、外国軍による侵略、武装勢力の支配、イスラム原理主義による人権抑圧の下、女性自身による権利獲得の闘いを続けてきました。
ある時は秘密組織として、ある時は国外における難民組織として、またある時は国際社会を駆ける活動家組織として、ＲＡＷＡはつねに女性の権利を求め、アフガニスタンに民主主義を実現するために前進してきました。内外の支援者の協力を得て、アフガニスタンの乾いた空と大地に、自由と平等と尊厳の歌声を響かせようとしてきました。しかし、アフガニスタンではいまだに女性差別的な原理主義の影響力が強く、女性の権利擁護は期待通りには進んでいません。ＲＡＷＡの活動には大きな制約があります。

私たちは２００４年にＲＡＷＡと連帯する会を発足させて以来、ＲＡＷＡの思想と活動に学び、相互に往来を重ねてＲＡＷＡと交流を続けてきました。少人数の弱小団体ですが、命がけで平和と人権を勝ち取ってきたＲＡＷＡの志に触発され、屹立する精神に促迫され、活動力に瞠目しながら、ＲＡＷＡと併走する日々を過ごしてきました。

そこでこの活動の一環として本書を世に送り出すことにしました。アフガニスタンを監獄でも迷路でもなく、女性も男性も互いに認め合える民主的な社会に変えること。日本を傲慢でも卑屈でもなく、マジョリティもマイノリティも互いに尊重し合える民主的な社会に変えること。平和を希求するＲＡＷＡの闘いが私たちの闘いとなり、連帯を紡ぐ私たちの闘いが日本に生きるみなさんの闘いとなることを願って。

２０１９年6月30日　執筆者を代表して　前田　朗

読者の皆さまへ――RAWAからのメッセージ

アフガニスタン女性革命協会（RAWA）は、ミーナーの指導の下で知識人の女性たちによりカーブル（アフガニスタン）で設立された、独立した政治組織です。ミーナーはわずか30歳のときに、ソ連の諜報機関とその影響下にある共犯者たちにより暗殺されました。RAWAの目的は、アフガン女性が独立、自由、民主主義、社会正義そして自らの権利の獲得をめざす闘いを展開するために集うことにあります。これまで私たちは機関誌『女たちのメッセージ』（Payam-e-Zan）や書籍、パンフレットを発行したり、集会などのイベントを開催したりしながら、女性の政治意識を高める活動を進めてきました。また、私たちがアフガニスタン各地で実施してきた社会活動には、女児のための学校、孤児院（児童養護施設）、クリニックや病院、女性のための識字コースの運営のほか、女性の収入創出プロジェクトの実施が含まれます。

RAWAはソ連の軍事侵攻時代に抗議デモを呼びかけたり、戦場にいる抵抗戦士を援助したりすることで、対ソ連抵抗運動に貢献してきました。ソ連撤退後に過激なイスラーム主義者（対ソ連抵抗運動を展開したイスラーム主義諸勢力やターリバーン）が政権を奪取すると、私たちはこうした勢力による犯罪行為を暴いて記録すること、および彼らへの抵抗に活動の重点を置くようになりました。

18年前にアメリカやNATOによる占領が始まってから、アフガニスタンの状況はかつてないほど悪化しました。アメリカはこの国をマフィアが支配する麻薬国家へと変えたイスラーム主義諸勢力からなる傀儡《かいらい》政権を設置しただけでなく、今日ではターリバーンやイスラーム国を支援しています。外国の雇い兵であるこれらの過激な勢力は、この地域におけるアメリカの狙いを促進するための最も有用な手先となっています。アフガニスタンの民衆は現在、テロ、犯罪、貧困、（薬物）依存症、汚職、その他さまざまな不幸な出来事に瀕しています。そして、これまで以上に女性たちはＤＶ、強かん、強制婚、法定婚姻適齢未満の婚姻およびその他の形態の恐ろしい暴力の猛火に身を焼かれています。ターリバーンやその影響下にある者たちが開く偽物の裁判がいまなお鞭《むち》打ちや石打ちなどにより女性たちを罰しています。また、ターリバーンという殺人者にさらなる力を与えることを目論む和平交渉がアメリカとターリバーンとの間で行われているため、民衆が自身の運命を自らの手の中に納める志を持って立ち上がり、外国の占領者とその傀儡政権を倒さない限り、将来に向けての希望を見いだすことはできません。ＲＡＷＡは引き続きこの歩みを進めていきます。なぜなら、これこそが進行中の窮地に対する唯一の解決策であると考えているからです。

（翻訳：清末愛砂）

目次

アフガニスタン・パキスタン周辺地図

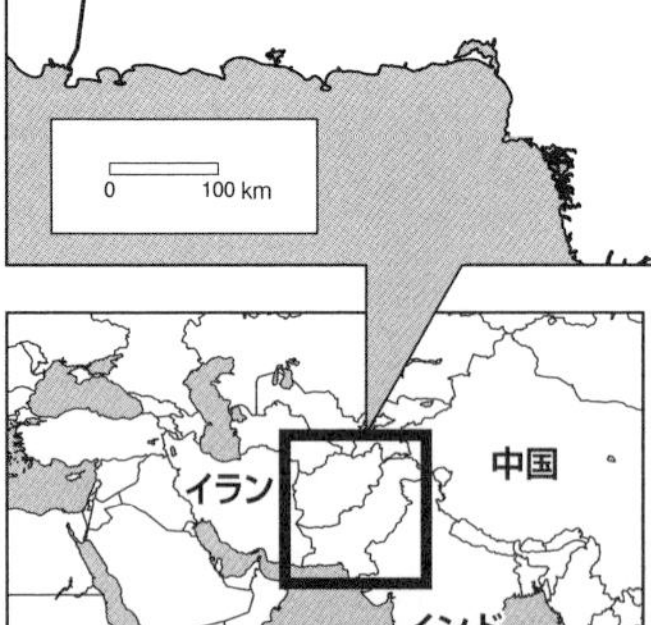

第1章　アフガニスタンにおけるジェンダーに基づく暴力
――その形態と諸要因

清末愛砂

アフガン女性能力促進協会（OPAWC）がカーブルで開設している女性の職業訓練センターの授業風景（2015年、清末愛砂）

1　いまなお続くアフガン女性の苦しみ

本書を手にとってくださった読者の中には、アフガニスタンに対して女性が酷く虐げられている国という印象を持たれている方がおられるかもしれません。実際に、連日にわたるDVから逃れるために自殺を強いられるケース、他の家族とのもめごとを解決するためにその家族の男性と結婚させられ、婚姻先の家族から執拗な嫌がらせや暴力を受けるケース、婚姻外の関係を持ったと疑われ、家族の名誉の名のもとで殺害されるケースなど、女性の人権をないがしろにする事件は後を絶ちません。これらはすべて、公的または私的領域を問わず、女性が総体的に弱い立場（家族内での従属的支配関係を含む）に置かれてきたことに起因する暴力、すなわちジェンダーに基づく暴力です。

一方、RAWA（アフガニスタン女性革命協会）のメンバーのように、一人ひとりの尊厳が守られる社会、誰もが自由に発言できる民主的な社会、またすべての人々が教育や医療などへきちんとアクセスできる社会をつくるために活動をしてきた女性たちがいます。

いまから約18年前の2001年10月、アメリカやイギリスなどがターリバーン政権（当時）の支配下にあるアフガニスタンに対する攻撃を開始しました。同年11月以降、この軍事攻撃の理由として、アメリカは〈アフガン女性の解放〉を謳うようになりました（この点については第5章もご覧ください）。同政権が女性に大変抑圧的な施策（例えば、女性の教育や就労の禁止など）をとっていたことから、アメリカは攻撃を正当化しやすく、国際社会からの賛同の声を得やすいと考えたのでしょう。その当時、アメリカはターリバーンがいかに女性に対し〈野蛮〉な行為をしているかを繰り返し強調していました。あたかもターリバーンのみがアフガニスタンにおけるジェンダーに基づく暴力の元凶であるといわんばかりでした。一方、この攻撃の結果、性別を問わず多数のアフガン人が死傷しました。つまり、〈アフガン女性の解放〉の名の下で女性が殺害されたのです。もっともこうした被害が生じることは最初からわかりきったことでした。爆撃時に使われるミサイルなどが女性を避けて着弾することはありえないからです。この点からも、対アフガニスタン攻撃があまりにも矛盾に満ちた、欺瞞的なものであったことがみえてきます。

さて、アメリカの主張が正しかったのだとすれば、攻撃によりターリバーン政権が崩壊した以上、アフガン女性は暴力の苦しみから解放されたはずです。しかし、先に示したように、いまなおアフガン女性はさまざまな形態の暴力の被害に日々さらされています。その現実は、ターリバーン政権の施策以外にも暴力の諸要因が存在していることを意味しています。すなわち、短絡的に同政権の崩壊によりアフガン女性に対する抑圧的な環境が大きく改善されたということはできないのです。本章ではこれらの諸要因を含め、アフガニスタンにおけるジェンダーに基づく暴力について概説します。

2　データからみるアフガン女性の状況

アフガン女性が抑圧的な環境に置かれていると聞いたところで、具体的な数値がなければ、その状況を想像しにくいと思われる方が多いのではないでしょうか。そこで、先に国連開発計画（ＵＮＤＰ）

が毎年発表しているジェンダー開発指数やジェンダー不平等指数に依拠しながら、アフガン社会で女性として生きることの〈困難さ〉の一端を説明したいと思います。

ジェンダー開発指数とは、人間開発指数（長生きで健康な生活ができる能力、知識を取得できる能力、文化的な生活水準を達成できる能力の3分野に着目し、関連する4つの指標から測られる指数）における男女間の差を示したものです。4つの指標とは、①出生時平均余命、②期待就学年数、③平均就学年数、④一人あたりの国民総所得（GNI）となります。ジェンダー開発指数が1に近づくほど、その差が少ないことを表しています。

ジェンダー不平等指数とは、リプロダクティブ・ヘルス（性と生殖に関する健康）、エンパワメント、労働市場の3分野における男女間の不平等を示したものです。具体的には①妊産婦死亡率（出生数10万人に対する妊産婦の死亡数）、②青年期出産率（15歳から19歳の女児・女性1000人あたりの出産数）、③立法府に占める女性議員の割合、④何らかの中等教育（中学校と高校）を受けたことがある25歳以上の人口の割合、⑤労働力率（15歳以上の人口に占める労働力人口の割合）という5つの指標から測られます。0から1までの数値で表され、0が完全平等を意味するため0に近い方がより平等だといえます。

では、アフガニスタンの数値をみていきましょう。まず、2017年の人間開発指数は0.498となっており、189か国中168位です（日本は0.909で19位）。健康・教育・所得という意味では世界的に極めて厳しい国の一国といえるでしょう。また、男女別の指数をみると、女性は0.364（日本は0.894）、男性は0.583（日本は0.917）となっており、ジェンダー開発指数は0.625

です（日本は０・975）。２０１７年のジェンダー不平等指数は０・６５３であり、１８９か国中１５３位です（日本は０・１０３で22位）。順位という意味では人間開発指数よりも上位になりますが、世界的に考えると極めて低い国の一国に位置づけられます。

ここからはもう少し具体的な項目からアフガン女性の状況をみていきましょう。女性の出生時平均余命（２０１７年）は65・４歳（男性は62・８歳）、平均就学年数（２０１７年）は１・９年（男性は６・０年）、一人当たりの国民総所得（２０１７年）は５４１ドル（男性は３０３０ドル）です。また、妊産婦死亡率（２０１５年）は３９６人（日本の５人に比べるとはるかに多いです）、青年期出産率（ＵＮＤＰのプロジェクト期間である２０１５年から２０２０年までの平均）は64・５人（日本は４・１人）、立法府に占める女性議員の割合（２０１７年）は27・４％（日本の２倍）、何らかの中等教育を受けたことがある25歳以上の女性の割合（２０１０年から２０１７年）は11・４％（男性は36・９％）、そして女性の労働力率（２０１７年）は19・５％（男性は86・７％）となります。

多数の数値を示したため、すこしややこしく感じた方がおられるかもしれません。数値の背景を説明しながら、状況をもう少し整理してみましょう。成人のアフガン女性の就学年数が極めて低い理由は、地域差はあるものの伝統的な社会規範や家族の考え方により教育を受ける機会が男性に比べるとはるかに少なかったこと、不安定な生活をもたらしてきた外国軍の軍事侵攻や内戦およびそれにともなう難民生活の中で教育を受ける機会を失ったこと、また１９９６年以降のターリバーン政権の支配下で教育へのアクセスが禁じられたことなどによります。いまでも初等教育機関すら存在しない地域もあり、また女児の学校への悪質な嫌がらせなどもあることから、近い将来、就学年数が急速に上昇することは望めません。しかし、性別を問わず子どもには何らかの教育を受けさせたいと思う親も増えており、国際機関や援助国、または国際ＮＧＯなどがさまざまな教育支援を行っていることから、治安が安定すれば一定の上昇は期待できるでしょう。また、社会意識の変革にともなう就学年数の上昇は経済状況にも左右されますが、結果的に女性の労働力率をあげることにもつながりうるものです。

妊産婦死亡率の高さは、出産時の衛生問題に加え、緊急時に設備が整った医療施設へのアクセスが困難であること（医療施設の少なさだけでなく、交通手段や金銭的理由からもアクセスが難しいことが多々あります）、各地で米軍が後押しする政府軍によるターリバーンやイスラーム国（ＩＳ）に対する軍事作戦が起きていることなどが主な原因と考えられます。加えて、妊娠出産に関する知識不足、貧困に起因する栄養失調、不安定な生活が心身へ与える影響、身体が十分に成長していない段階での出産（青年期出産率の高さと関係しています）、多産など他の要因もあります。

立法府の女性議員の割合が日本よりもはるかに高い理由は、現行憲法により一定数の女性議員を確保するためにクォータ制が導入されているからです。この点に限れば、アフガニスタンの制度は日本より進んでいることは間違いありません。アフガニスタンに限らず、戦乱などにより荒廃した国家が海外からの復興支援の下で再建を図ろうとする際に、援助国の意向などにしたがってクォータ制を導入する国は多々あります。

以上で示した数値は、アフガン女性の社会的立場の〈脆弱性〉の一端を明確に表しています。こうした状況は、次で述べるさまざまな形態のジェンダーに基づく暴力の諸要因と密接にかかわっていること、または連動していることを理解しておく必要があります。

3　さまざまな形態のジェンダーに基づく暴力

アフガニスタンにおけるジェンダーに基づく暴力には多様なものがあります。これらは、①日本を含む国際社会で広くみられる形態の暴力、②特定の地域に集中しているわけではないものの、国際社会の複数の地域でみられる暴力、③アフガニスタンやその隣国であるパキスタンなどでみられる地域固有の慣習に基づく暴力の3種類にわけることができます。具体的な形態をあげると、①はDVや強かん等の性暴力、女性への蔑視観に基づく殺人、人身取引を目的とする誘拐など、②は名誉殺人や強制婚（性別を問わず起きますが、女児や女性の方がその被害に遭いやすいです）、児童婚（早婚）、鞭打ち、石打ちによる処刑、③はバアドやバダルなどになります。

名誉殺人とは、娘が婚姻前に他家の男性と外出をしたり（婚姻外、婚姻前の関係を持ったとみなされます）、駆け落ちをしたりした場合に、家族の〈名誉〉を汚したという理由から父親や兄弟（ときに母親も加害者に含まれます）または親族の男性などに生命を奪われることを指します。性暴力の被害者であるにもかかわらず、婚姻外の関係をもったとみなされ、殺害されるケースもあります。家父長的な家族主義と性規範が結びつくことで生じる暴力です。

アフガニスタン民法70条は婚姻適齢を原則男性18歳、女性16歳以上と規定しており、後述する女性に対する暴力根絶法（EVAW法）28条も15歳以下の女児と婚姻した者への刑事罰（2年以上の禁固刑）を規定しています。しかし、現実にはシャリーア（イスラーム法）に基づいて、その年齢に達しないうちに婚姻させられる女児が一定数います。

鞭打ちや、石打ちによる処刑は、刑法などで規定されている公的な刑事罰ではありません。特定の諸勢力がその支配地で、例えば、婚姻外の関係を持ったと疑われた女性を自らのルールに基づいて罰するときなどに用いられることがあります。

バアドはとりわけパシュトゥーン民族の間でみられる慣習に基づく暴力です。具体的には、自分の家族が他の家族や他部族の構成員を殺害したり、強かんしたりといった深刻な事件を起こした場合に、両家族や部族の間で生じる争いを「解決」するために、問題を起こした家族の側の女児や女性を相手の家族の構成員と婚姻させるために差し出す慣習のことをいいます。紛争先の家族の構成員との婚姻であることから、感情的な憎しみゆえに婚姻させられた女児や女性が執拗な嫌がらせや虐待を受けることが多々あります。女児や女性を心身ともに追い込む非常に厳しい形態の暴力の一つです。EVAW法25条でバアドを通して婚姻する者や女児や女性をバアド目的で紛争相手の家族に差し出した者には最高10年の禁固刑が科せられます。バダルはバアド同様に他家族との間の紛争解決に用いられる方法ですが、相違点はもめている家族の双方が互いの娘を相手の家に差し出す交換婚の形をとることです。双方ともに女児や女性の意思を無視した強制婚の一種であるといえます。

筆者は2013年にRAWAと連帯する会（活動の詳細は第5章をご覧ください）のメンバーとしてカーブルを訪問した際に、「アフガニスタンの女性と子どものための人道支援」（HAWCA）が運営している女性用のシェルターを見学させてもらう機会を得ました。そこで働くスタッフや弁護士から聞いた話では、このシェルターの入居女性が瀕していた数々の暴力を深刻なものからあげていくと、

将来の経済的自立をめざして英語を学ぶHAWCAのシェルター入居者（2013年、清末愛砂）

①バアド、②性暴力、③名誉殺人、④強制婚、⑤児童婚の順になるということでした。複数の弁護士などでケース・カンファレンスを持ちながら、解決方法を探っているとのことですが、家族の名誉を気にする社会であるため、入居女性が家族のもとに帰る選択をするケースもそれなりにあります。その他、暴力的な夫との離婚が成立した後に他の男性と再婚するパターン、家族が女性を受け入れない場合には他団体が運営しているステップハウスのような施設に移動し、なんとかみつけだした就労先に通うパターンもあります。

現実には入居女性に限らず、女性が就労先をみつけるのは至難の業です。そのために、女性のための職業訓練コース（識字コースも含みます）を開講しているアフ

OPAWCがカーブルで開いている職業訓練センターで
縫製を学ぶ女性たち（2013年、清末愛砂）

ガン女性能力促進協会（ＯＰＡＷＣ）のような女性団体もあります。２０１３年および２０１５年にＯＰＡＷＣの職業訓練センターを訪問した際に、就労先を少しでもみつけやすくするために、または何らかの収入源につながる技術を身につけるために熱心に学んでいる多数の女性の姿を目にしました。社会規範上、女性たちがこうしたコースに通うときは事前に父親や夫などから許可を得ることが求められます。許可が得られないために母や姉妹に協力してもらい、男性の家族がいないときを狙ってこっそり通っている女性もいるとのことでした。

4　多岐にわたる暴力の要因

アフガニスタンのジェンダーに基づく暴力の要因は多岐にわたります。最たるものは、社会に根強く残る家父長的な社会規範や慣習です。イスラームとはまったく関係ないにもかかわらず、これらをイスラームの教えと曲解して女性たちに強いるようなこともあります。このほか、歴史的には以下の要因を挙げることができます。

①　1970年代に誕生した親ソ連政権時代の弾圧（それには次章で紹介するRAWAの設立者ミーナーの暗殺も含まれます）
②　1979年のソ連の軍事侵攻と10年にわたる駐留
③　対ソ連抵抗運動を展開したムジャーヒディーンと呼ばれるイスラーム諸勢力や諸軍閥による暴力（のちにこれらの一部が反ターリバーンのネットワークである北部同盟を結成しました）
④　対ソ連抵抗運動を展開したイスラーム諸勢力間の軍事対立による内戦（ソ連撤退後）
⑤　1996年から2001年までのターリバーン政権時代の女性抑圧政策
⑥　2001年のアメリカなどによる軍事攻撃
⑦　干ばつなどの自然災害（2018年以降の深刻な干ばつについては、第3章をご覧ください）

近年でいえば、干ばつなどの自然災害、およびターリバーン同様に女性の人権を踏みにじってきた反ターリバーンのネットワークである北部同盟関係者その他保守的なイスラーム諸勢力が現行政権の中枢を握っていることをあげることできるでしょう。また、現在、米軍などが支援する政府軍、再び支配力を広げているターリバーン、中東から流れ込んでいるイスラーム国（ＩＳ）の三つ巴状態が生じており、政府軍による掃討作戦などで多数の市民が殺傷されています。加えて、この対立により自爆攻撃などの爆破事件が各地で頻繁に起きています。人々が安全に暮らすことができない治安情勢の悪化が社会全体を不安定にし、そのしわ寄せがもともと弱い立場に置かれてきた女性に及んでいます。

ここまでで示してきたジェンダーに基づく暴力の諸要因は、それぞれが独立して存在しているわけではありません。各要因が相互に絡み合うことで暴力の構造を複雑にし、またその影響をより深刻なものにしていることにも注意が必要です。ところで、読者の皆さんは、これらの要因が国内事情のみならず、国際社会の動きによってもつくられてきたことに気がつかれたのではないでしょうか。そもそも人々を徹底的に弾圧した親ソ連政権の誕生やその後のソ連の軍事侵攻・駐留は、当時の国際社会を二分化していたアメリカ率いる資本主義陣営とソ連率いる社会主義陣営の対立、いわゆる東西冷戦に起因するものです。ターリバーン政権崩壊後の新政権の誕生を支援してきたのも国際社会です。

21世紀の「対テロ」戦争の始まりである２００１年の対アフガニスタン攻撃のきっかけになったアメリカにおける同時多発攻撃（9・11）にしても、ターリバーン政権によるものではありません。アメリカはその犯人がターリバーン政権により匿《かくま》われているアル＝カーイダだと一方的に断定し、「報復」としてアフガニスタンを攻撃したのです。その途中から攻撃の理由が〈アフガン女性の解放〉に変わったという話は前述の通りです。また、ターリバーンを含む各イスラーム諸勢力の背後には、それぞれの思惑のために資金提供などをしてきた国々がいます。

ブルカを着てカーブルの通りを歩く女性（2013年、清末愛砂）

軍事侵攻や攻撃、内戦の影響は短期的なものから長期的なものまで、また直接的なものから間接的なものまであります。直接的影響としては例えば、攻撃による死傷、生活の基盤となる家屋その他インフラの破壊、失業、難民の創出（イランやパキスタンが主な受入国）をあげることができます。間接的影響としては、例えば、避難先での住居や就労問題または教育や医療へのアクセス問題、避難先での差別、貧困による栄養失調などがもたらす疾病（とりわけ子どもと妊産婦）などをあげることができます。こうした希望のみえない不安定な生活やストレスのはけ口は、家族の中で弱い立場におかれてきた女性や子どもに暴力（DVや児童虐待）という形で向けられることがあります。また、苦しい生活の中で家事責任を担わされてきた女性たちへの心理的圧迫も非常に大きなものがあります。

時代が前後しますが、1996年から2001年まで続いたターリバーン政権時代は、女性の教育や就労が禁止されたり、外出する女性にブルカ（頭から足元までをすっぽりと覆い隠す長衣）の着用が強制されたりする等、女性に対する抑圧政策が導入されました。ブルカを着用したアフガン女性のイメージが西欧社会で流布され、ブルカが抑圧の象徴であるような言説がつくられました。現在はブルカの着用が強制されていません。しかし、いまでもブルカを着用して外出する女性がいます。それはブルカがターリバーン政権以前からとりわけパシュトゥーン民族の女性の間で長年着用されてきたものであるからです。ときにして、ブルカの着用は都会に出かける女性の象徴のように受けとめられることもありました。したがって、あたかもブルカが問題であるかのように描く西欧の言説は、そうした経緯をすべて無視する、上から目線の帝国主義的な発想ともいえるのです。問題はブルカではなく、その着用の強制にあったということを理解しておかなければなりません。

5　新体制下の政策とジェンダーに基づく暴力

長年にわたる外国の軍事侵攻や激しい内戦およびそれらにともなう難民の大量発生、干ばつなどにより、アフガニスタンは全土が荒廃しています。ターリバーン政権後に樹立された新政権（その変遷は第3章をご覧ください）の下で、女性省や独立人権委員会（女性の権利に関する部署もあります）の設置、女性差別撤廃条約の批准（署名は1980年）などがなされてきました。また、2004年制定の現行憲法22条には、国民の平等な取扱いと両性の平等の権利が規定されています。２００９年にはジェンダーに基づく暴力へ刑事罰を科すＥＶＡＷ法が制定されました。同法で刑事罰の対象となっている22形態の暴力行為には、性暴力や強かん、強制売春、自殺などの強要、殴打、バアド、法定婚姻適齢未満の婚姻、侮辱・脅迫・嫌がらせ、強制婚などが含まれます。

このように、新政権は２００１年12月のボン合意や復興支援をすすめる国際社会からのプレッシャーもあり、女性の人権状況の改善を図るための一定の施策を導入してきました。そこにはターリバーン政権とは異なることを国際的にアピールするための思惑も含まれていました。しかし、前述のように、女性の人権を軽視する北部同盟関係者が新政権の中枢を支配していることもあり、これらのとりくみは功を奏していません。

なおＥＶＡＷ法は、国際社会からの働きかけに加え、新体制下で活動を進めてきたアフガニスタンの各女性団体や女性活動家が下院の閉会期を狙い、カルザイ大統領（当時）に立法命令に署名するよう熱心にはたらきかけたことで成立した法律です。これらの女性団体や女性活動家は、保守的な政治家が多い立法府で通常の立法手続を進めてもその成立はとうてい望めないと判断し、憲法79条が規定する政府による立法命令を使うことを思いつきました。同条は、下院の閉会中に緊急事態が生じた場合、政府が下院での可決を得ずに、立法命令を発することができる旨を規定しているからです。もっとも、立法命令により成立した法は、国民議会（上院と下院）の開会日から30日以内に議会に提出されなければならず、そこで否決されると法としての効力を失うことになります。したがって、大統領が立法命令に署名しても、立法府の情勢から法として存在し続けることができるか否かの不安がつきまとう成立でした。実際に同法は下院に提出され、強い反対の声（反イスラーム、外国による押し付けなど）が出されました。しかし、審議が一時的に停止されたことなどにより現在までなんとかもちこたえています。

ＥＶＡＷ法は存在しているものの、残念ながらその執行状況は芳しいものとはいえません。まったく適用されていないわけではないものの、家父長的な社会規範や地域の支配勢力の影響などで警察や司法関係者が同法を無視し、結果的に加害者が処罰を免れるケースが多々あるのです。また、女性の人権のために動いている諸機関やＮＧＯ関係者が、被害者と加害者の間で調停を進めたり、地域や部族の慣習的な調停に依拠したりしながら問題解決を図ろうとすることもあるため、結果的に加害者の処罰にいたらないこともあるのです。

冒頭で言及したＲＡＷＡは、そうした苛酷な状況下でアフガン社会の抜本的な変革を求めて粘り強い闘いを展開してきました。そのＲＡＷＡはどういう経緯で誕生し、いかなる試練をくぐり抜け、現在にいたったのでしょうか。次章からはＲＡＷＡのあゆみやその思想、活動内容、およびＲＡＷＡとの連帯を探求しながら日本で活動を進めてきたＲＡＷＡと連帯する会について紹介していきます。

〈参考文献〉

United Nations Development Programme, *Human Development Indices and Indicators: 2018 Statistical Update*, New York, 2018.

United Nations Assistance Mission in Afghanistan & United Nations Office of the High Commissioner for Human Rights, *Injustice and Impunity: Mediation of Criminal Offences of Violence against Women*, Kabul, 2018.

United Nations Assistance Mission in Afghanistan, *Quarterly Report on the Protection of Civilians in Armed Conflict: 1 January to 31 March 2019*, 2019.

清末愛砂「武力紛争下におけるジェンダーに基づく暴力と平和――アフガニスタンを事例にして」『We Learn』Vol.777、２０１８年、４～７頁。

清末愛砂「『対テロ』戦争と女性の均質化――アフガニスタンにみる〈女性解放〉という陥穽」『ジェンダーと法』No.11、２０１４年、80～92頁。

清末愛砂「21世紀の『対テロ』戦争と女性に対する暴力」ジェンダー法学会編『講座　ジェンダーと法　第３巻　暴力からの解放』（日本加除出版、２０１２年）、１４５～１６０頁。

ニルファー・パズィラ「復興の鍵は教育～女性たちが自立するために～」『女たちの21世紀』No.30、２００２年、15～19頁。

第2章　RAWA設立者・ミーナーの生涯

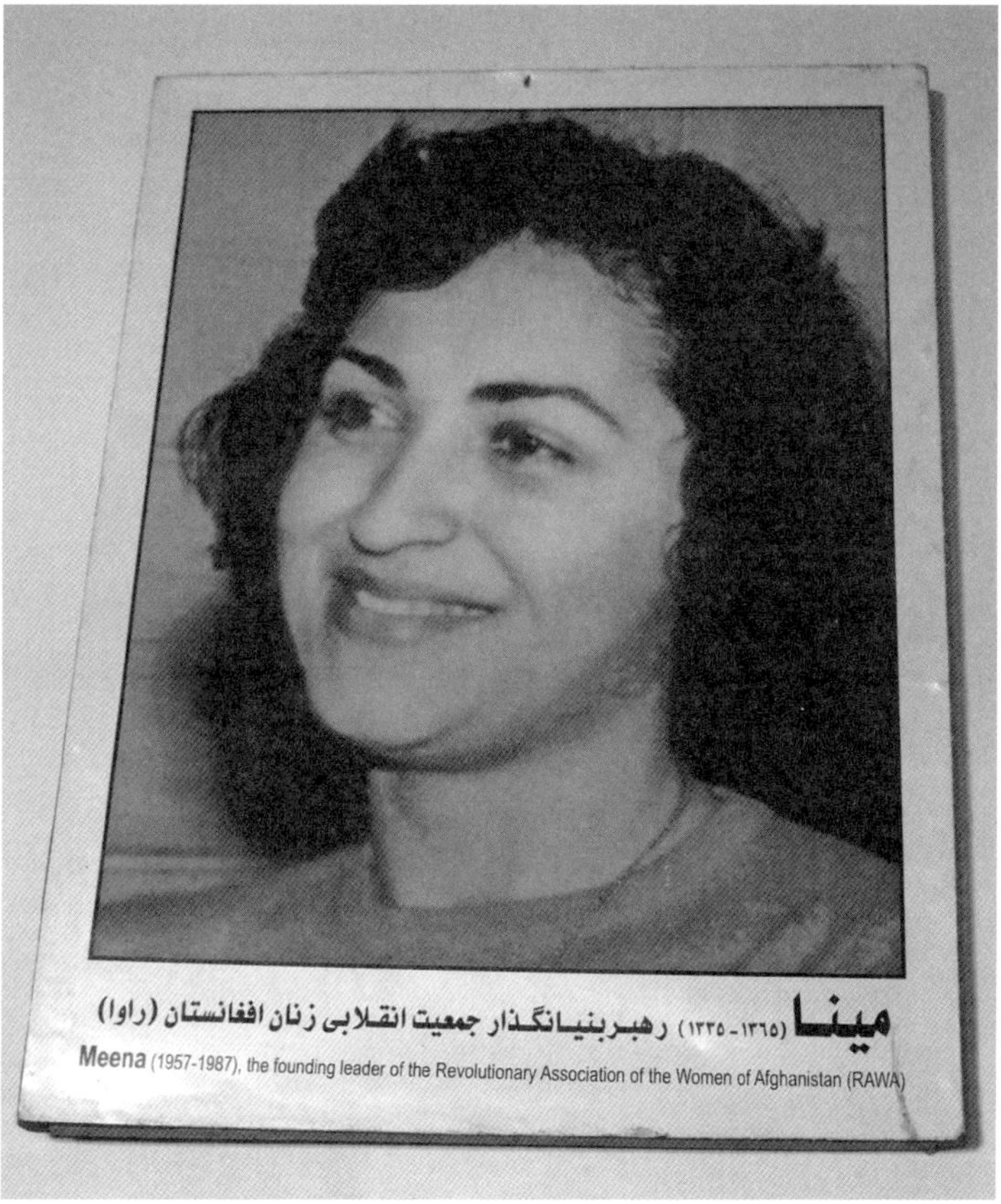

RAWAが運営していたワタン孤児院（ラーワルピンディー）に飾ってあったミーナーの写真（2012年、清末愛砂）

前田　朗

1　はじめに

アフガニスタン——世界から置き去りにされ、見捨てられたこの国で、いまもなお人々が苦難にあえいでいます。

とりわけ女性抑圧の厳しいアフガニスタンでＲＡＷＡを設立したミーナーの生涯を振り返ってみましょう。ミーナーは本名ではありません。アフガニスタンで女性解放を求めて闘うことは命がけであったため、活動家名としてミーナーと名乗りました。

2　ミーナーの少女時代

ミーナーは１９５７年、カーブルのパルヴァン地区に生まれ育ちました。パルヴァン地区は古くからの住宅地で、教師、政府の役人、専門家・技術者などが比較的多く住んでいたといいます。父ラティフは技術大学で建築を学び、建築設計を業としていました。民族的にはパシュトゥーン人です。

ミーナーの家庭はパルヴァン地区の普通の家庭でした。土壁で囲まれた中庭に面して住居があります。居間、台所、洗濯部屋、倉庫などは数家族で共有し、ニワトリやヤギを飼っていました。

女子の大学進学率は極めて低かったのですが、学校が好きで、勉強もよくできましたので、幼い頃から両親はミーナーを大学に行かせたいと考えていました。

12歳の頃に好きだった作家がジャック・ロンドン（1876～1916年）でした。ロンドンは20世紀初頭に活躍したアメリカの小説家で、『荒野の呼び声（野生の呼び声）』と『白い牙』は特に有名です。ミーナーは、不正義を告発するロンドンに深い印象を受けたといいます。

ミーナーはマラライ女子高（リセ・マラライ）に通いました。1919年、アフガニスタン独立後、近代化政策がとられ、西欧の教育者を招いて学校設立が進められるようになり、マラライ女子高は1921年にフランス人によって創立されました。

ミーナーが学校に通った1960年代はアフガニスタンの解放期――女性の就学や社会進出が進展した時期です。市民的自由や政治的自由が実現し始めました。

1960年代には民主的改革が進みました。ザーヒル・シャー王による「穏健な西欧型統治」のもとで、社会の近代化、女性の教育と社会参加が進み、1965年に史上初の国民投票が実施され、男女ともに投票しました。ミーナーの両親は人生で初めて一緒に投票しました。

女性参政権を認めたのは、1893年のニュージーランドが最初とされますが、アメリカは1920年、フランスとイタリアは1945年、日本も1945年です。アフガニスタンはやや遅いとはいえ、スイスは1991年です。そのまま順調にいけば、アフガニスタンも男女平等の国になれたはずです。

この時期、一定の政治的自由が認められたので、政治運動が活発となり、同年、アフガニスタン人民民主党が結成されました。

当時の政治状況について書かれたものを見ると、筆者の立場によって、まったく異なるアフガニスタン像が描かれています。ザーヒル・シャーを開明的な君主とみるか、旧態依然たる支配者とみるか。女性の社会進出をどのように評価するか。イスラームと世俗世界の関係をどう見るか。カーブル大学を中心とした青年たちの政治意識は、西欧型民主主義、ソ連型社会主義、中国の影響を受けた毛沢東主義など実に多様な立場に分かれています。「マルクス、毛沢東、ムハンマド（マホメット）」の３つの「M」が激しい潮流となり、衝突し合ったと言われます。

カーブル大学が女子学生を受け入れ、新しい職業に就く女性が増えました。当時の写真を見ると、カーブル市街をミニスカート姿の女性が闊歩しています。１９８０年代以後の戦争と暗黒の時代とはまったく様相が異なっていたようです。

１９７３年、ダーウード元首相は親ソ連派の人民民主党と連携してクーデタを敢行し、王制を廃止して、自から大統領となりました。ソ連、インド、サウジアラビアに支援を求め、対立する党派を弾圧しました。しかし１９７８年、親ソ連派は第2のクーデタに打って出て、ダーウード大統領を暗殺しました。粛清の嵐が吹き荒れ、夥しい知識人が殺されたと言われます。ここから現代アフガニスタンの悲劇が始まります。

アフガニスタン4月革命をどう評価するかは、いまも論争があります。社会主義革命に希望を見出す立場からは「輝ける4月革命」とされますが、穏健な西欧型民主主義や毛沢東主義者たちは殺戮され、イスラーム勢力も政治舞台から追放されました。女性は抑圧されたままでした。

3　RAWA設立――カーブル大学

1976年、ミーナーが入学したカーブル大学は論争の坩堝《るつぼ》でした。アフガニスタンの未来をめぐって大学生たちは懸命に考え、議論を戦わせ、行動しました。女子学生たちも理論を学び、教室で語り合いました。

ミーナーは西欧的な思考もイスラームの教えも学び、解放としてのナショナリズムについて考えました。当時、ナショナリズムの追求と解放は同じ方向を向いていたのです。ミーナーが他の学生たちと違ったのは、女性の人権を主題としたことです。貧困に災いされて学ぶことのできない女性たち、学んでも社会的に差別される女性たちの現実を踏まえて、女性の人権を実現する方法を求めました。

友人の多くは家族や親戚が決めた男性と結婚し、土壁の内側の伝統的家族の一員になっていきました。ミーナーは親戚が勧めるお見合いを断り、学び続けることを選びました。

そして、叔母の紹介で出会った医師ファイズと協議して、単に家事に専念する伝統的な妻ではなく、政治や社会に目を向け、自分の目標を追い続けることを認めるという約束を交わしました。ファイズはアフガン解放機構（ALO）のリーダーでした。ミーナーとファイズは、政治的解放と、女性の政治的社会的解放を結び付けることで一致しました。ファイズは医師として活動家として、ミーナーは学生として妻として、それぞれ役割分担をしながら、ともに暮らし始めました。

アフガニスタン女性革命協会（ジャミヤット・エンケラービ・ザナーン・アフガニスタン、英語略称R

AWA）という名称をいつ使い始めたか定かではありません。1976〜77年、活動を始めた時期にすでに使っていたようです。

第1の原則は民主主義です。アフガニスタンには民主主義が欠如していました。RAWAは政治的民主主義を実現する課題とともに、組織内民主主義についても議論を重ね、民主主義の実践のために徹底討論しました。

第2の原則は男女平等と社会正義のための闘争です。性差別は根深く、むしろ性差別が拡大再生産されるような状況でした。RAWAは女性による女性のための団体で、教育、法的権利、医療、貧困と暴力からの自由をめざしました。

日本の一部の文献は、RAWAを毛沢東派社会主義組織だと決めつけています。しかし、RAWAはALOと組織的に結び付きを持ちませんでした。フェミニズムの立場での女性解放が中心課題だったからです。

女性の権利が極端に制限されていましたから、RAWAは秘密組織とならざるをえませんでした。このことがRAWAの主張に対する誤解の種となったかもしれません。RAWAを王党派（王政復古派）だと決めつける文献さえ見られます。RAWAは「毛沢東派社会主義・王政復古派」という奇妙な存在だったのでしょうか。これらはRAWAの立場がどうであったかではなく、論者がRAWAをどう見たかったかを示すものにすぎません。

RAWAはカーブル大学の中で生まれ、女性たちのための識字教室をつくり、ヘラート、ジャララバード、マザーリシャリーフにも広げました。実際に識字教室を運営することで女性の現実が見えてきました。女の子が勉強することに父親や夫が反対します。この壁を乗り越える闘いが続きました。

ＲＡＷＡは「シャブナメー（夜の手紙）」というチラシを作りました。識字教室を宣伝することもありましたが、主として政治的意見を述べるための手段でした。

ＲＡＷＡはその政治的立場と、女性組織であることと、二重の危険状態にありました。それでもハンマーム（共同浴場）での「ナン」と呼ばれる女性たちの集まりに出かけて、宣伝を続けました。ミーナーは大学２年生の時に大学を辞めて、ＲＡＷＡの活動に専念することにしました。

１９７８年４月27日、ハルク派とパルチャム派の人民民主党がカーブルの国防省と国営放送局を占拠し、アフガニスタン４月革命が始まりました。ムハンマド・タラキーを指導者とする人民民主党は「軍事革命評議会」を名乗り、権力を手中にしました。

ファイズとミーナーの身にも危険が迫り、身を隠しました。転々と居場所を変えてＲＡＷＡメンバーとの連絡を確保しました。ミーナーは「今日から私たちは女性とアフガニスタンの解放のために闘う組織です」と覚悟を定めました。

4　戦乱のアフガニスタン

わたしは目覚めた女
わたしは立ちあがり　身を焼かれたわが子の灰をかぶって　嵐となる
わたしはわがはらからの流した血の中から立ちあがる

民族の怒りによって力をあたえられた
廃墟と化し　焼き尽くされた村が　わたしの中に敵への憎しみをかきたてる
もはやわたしをか弱きよるべなきものと思わないでほしい
おお友よ
わたしは目覚めた女
進むべき道を見つけたわたしは　決して後もどりしない

１９７９年12月、ソ連軍がアフガニスタン侵略の挙に出ました。ソ連軍と革命政権軍に対して、ムジャーヒディーン、反共主義者、イスラーム反乱軍が抵抗戦争を始めました。アフガン全土が混乱状況になり、首都カーブルは諸党派入り乱れての沸騰状態となりました。

伝統的因習的な女性差別と、社会主義革命の名による流血の弾圧や暗殺の時代に、女性の権利を掲げて歩むことは、ただちに身の危険を意味しました。ＲＡＷＡは秘密活動に追い込まれ、秘密の組織編成を工夫することになりました。

ＲＡＷＡは逼塞《ひっそく》状況を打開するため、『女たちのメッセージ』というニュースを発行しました。１９８１年4月の創刊号にミーナーは「わたしは決して後もどりしない」という詩を掲載しました。

創刊号表紙には、１９８０年4月大衆蜂起の時に射殺された女子高生ナヒードの写真を掲載しました。キャプションは「彼女は自分の命を人々に捧げた。彼女は天上に輝く星となり、永遠に我々の心に刻まれるであろう」と付されています。

『女たちのメッセージ』は政権とソ連軍による虐殺や弾圧を記録しました。１９８０年代、女性への抑圧や脅迫に抗し、女性の闘いを記録した唯一の出版物です。
ＲＡＷＡはニュースを各地の女性たちに手渡しで届けました。会員の手から支援者の手へ、支援者の手から友人の手へ、『女たちのメッセージ』は女性の苦悩や悲鳴を伝え、来たるべき闘いの灯を届けました。

おお友よ　おお同胞よ　わたしをか弱きよるべなきものと思わないでほしい
すべての力をふりしぼって　ともに祖国解放への道を歩もう
わが声　立ちあがった幾千の女たちと混じりあい
わがこぶし　幾多の友のこぶしと握りあう
ともにわが民族の歩むべき狭き道をすすむ
すべての苦難と　囚われ人の足かせを砕かんがために
おお友よ　おお同胞よ　わたしはかつてのわたしではない
わたしは目覚めた女
進むべき道を見つけたわたしは　決して後もどりしない

１９８１年、フランスにミッテラン社会主義政権が成立しました。西欧世界で、ソ連東欧圏とは異なる「人間の顔をした社会主義」が語られた時代です。

フランス社会党は、国際社会党大会にＲＡＷＡ代表を招きました。ミーナーはパスポートを持っていませんでした。パスポート取得は不可能でしたので、やむを得ず偽造パスポートで西欧への旅に出ました。カーブルからパキスタン国境へ危険な道のりを越えて、パキスタンからインドへ渡り、生まれて初めて飛行機に乗ってパリにたどり着き、１９８１年10月、ヴァランスで開催された国際社会党大会に「アフガニスタン・レジスタンス代表」として列席しました。

国際社会党大会には世界各地の社会主義者が集まりました。ソ連代表団団長はボリス・ポノマリョフでした。１９５５年から外務省長官の座にあり、ソ連のアフガニスタン侵略を統括した人物です。そうした場で、ミーナーは社会主義のソ連による侵略を告発しなければなりませんでした。

ミーナーはアフガニスタンの現状を訴えました。女性たちの苦難にとどまらず、老人も、若者も、男も女も命がけで侵略者と闘っている現実を紹介しました。何千もの愛国者が獄中に捕らわれ、処刑され、拷問されている現実を突きつけたのです。

「彼らは犠牲者の耳、舌、そして性器に電気ショックを当てることをためらいません。そして手足の指の爪をはがします。女性が自白しなければ、夫を連れてきて、夫の前で彼女を強姦するのです」

ミーナーはレジスタンスの必然性と正当性を主張し、闘争はソ連を撤退させるまで終わらないと断言しました。演説後に高々と「勝利」のＶサインをするミーナーの写真が残されています。

１９８２年１月19日、ドイツの『ハンブルク・アーベントブラット』に記事と写真が掲載されました。ブリュッセル・テレビ局のインタヴュー映像も残されています。

「現在のところ適当な国民戦線は存在せず、99％以上のアフガン人は散り散りばらばらにロシアと戦っています。……しかしながら、国内には政治的な利益のために、この国民運動に亀裂を入れようとする人たちがいます。こういったアフガニスタンの狂信者たちは現在ペシャーワルにいて、アフガニスタンにホメイニのような政治体制を持つことを望んでいるのです」

1982年6月、ミーナーは8か月の旅を終えてパキスタンに戻りました。しかし、国際社会党大会やメディアで顔をさらしたことが、後にミーナーの生命を縮める悲劇につながったと考えられています。

1982年夏、ミーナーは指名手配されていました。アフガニスタン情報部が兵士たちにミーナーの写真を配布し、幹線道路の検問所で監視を行いました。82年10月、ミーナーはアフガニスタンからパキスタンに逃げざるを得ませんでした。夫のファイズも、RAWAの主要メンバーもパキスタンに亡命しました。

5　暗黒時代

ソ連による侵略以後、アフガニスタンは暗黒の時代を迎えました。四半世紀に及ぶ戦争と内戦に見舞われ、ムジャーヒディーンたちがソ連と闘ったかと思うと、内輪もめで互いに殺し合いました。続いてターリバーンが権力を握って恐怖政治を敷きました。9・11以後のアメリカによるアフガニスタン戦争で人々は逃げまどいました。戦争終結後も各地は軍閥その他の勢力が跋扈《ばっこ》しています。難民はイランやパキスタンに逃れました。

1983年、RAWAは100人ほどのメンバーでした。クエッタに逃れたRAWAは欧米の支援団体から資金援助を受けて、難民キャンプで女性のための読み書き教室、裁縫教室を開きました。裁縫教室の収入がRAWAと女性たちの活動を支えました。

そこでRAWAは子どもたちのための「ワタン学校」をつくりました。ワタンとは故郷という意味です。ワタン学校は男子学校と女子学校を設置し、民主主義とアフガニスタン史を教えました。RAWAは民主主義と女性の権利を唱えたため、イスラーム原理主義者から敵とみなされ、嫌がらせ、攻撃の対象とされました。

1986年、RAWAはペシャーワル北部にも活動を広げて、子どもの家や裁縫教室を開きました。さらにクエッタにマラライ病院を開設して、女性や子どもたちの診療、出産、地雷等の被害者の治療を行いました。国際的な支援のおかげで、医師や看護師など医療スタッフ、院内の家具などもそろえました。

6　残された銀の指輪

1987年2月4日、ミーナーが失踪しました。運転手とボディーガードも行方不明となりました。ミーナーはイスラーム原理主義者の手に落ちたのではないか。パキスタン警察に身柄拘束されたのではないか。メンバーたちはミーナーや運転手たちの行方を探し求めましたが、ついに見つかりませんでした。そこでメンバーたちは隠れ場所に閉じこもり、見られるとまずい書類を焼却しました。『女たちのメッセージ』や初期のビラも処分しました。初期のＲＡＷＡの重要な資料がなくなってしまいました。

組織の危機に怯えＲＡＷＡを抜けて欧州に行ってしまうメンバーも出ました。ＲＡＷＡの立て直しが迫られました。ミーナー失踪を受けて組織の活動原則を見直す必要がありました。マラライ病院の開設も間近でした。女性たちは「マラライ病院はミーナーのモニュメント」と、懸命に開業にこぎつけました。

１９８７年８月、パキスタンの新聞記事に悲しいニュースが載りました。アフガニスタン・パキスタン国境で爆発物所持の容疑で逮捕された２人の男性が、ミーナーと運転手たちを殺害したと自白したのです。犯行はクエッタの空き家で行われ、男たちは庭に穴を掘って３つの遺体を埋めました。イスラーム原理主義者からミーナー殺害を依頼されたと推測されます。

ＲＡＷＡメンバーはミーナーの遺体を引き取るために警察に行きました。しかし、掘り返した遺体は引取り人のいない遺体として、当局によってすでに埋葬されていました。遺体の指にはめられていた指輪が証拠品として保管されていました。ミーナーがいつもはめていた銀の結婚指輪でした。

崩壊の危機に瀕したＲＡＷＡは組織再編を余儀なくされました。外部の男性に通訳を依頼し、内部に招き入れたことが失敗でした。これ以後、ＲＡＷＡはいっそう用心深くなりました。女性たちのネットワークに出入りできるのはＲＡＷＡの学校出身者に限ることにしました。

「ミーナーが死んだからといって、私たちの原則を放棄するわけにはいかないわ。原理主義者やソ連の傀儡に反対する私たちの声が小さかったなら、ミーナーは今もなお私たちのそばにいるでしょう。でも、私たちは、彼女が命をかけた理想を求め続けていかなければ」。

「ＲＡＷＡの主目的は最初から、すべての者の自由、民主主義、そして社会的正義だった。信念を話すことを恐れることはまったくないわ。ミーナーは私たちに声を大にする勇気を与えてくれたのだから、今こそそうするべきだわ」。

『女たちのメッセージ』にミーナーの死を伝えるニュースを掲載し、マラライ病院に医者、看護師、診察室、Ｘ線技師、薬剤師をそろえました。ＲＡＷＡの学校ではアフガニスタンの歴史、言語、文化、そして英語、政治的民主主義、女性の権利を教えました。崩壊の危機を乗り越えることができたのは、ミーナーの励ましと、アフガニスタンの厳しい現実への怒りでした。

その後も、ＲＡＷＡは、アフガン難民のために孤児院や学校を運営してきました。民主的教育を施して、自由や平等を教えました。ＲＡＷＡの学校を卒業した生徒たちに活動家に育ってもらい、男性には協力者としてＲＡＷＡを支えてもらう体制を整えました。

１９８９年、ソ連軍の撤退により、アフガニスタンに平和が訪れるかと期待されました。ところが１９９１年、湾岸戦争と呼ばれたアメリカのイラク攻撃によって世界の関心はイラクに集中し、アフガニスタンは忘れられていきました。

ヘクマティヤール、ドスタム、サヤーフ、ラッバーニー、マスードといった戦争屋が各地を分割支配し、互いに戦争に明け暮れました。殺人、処刑、強姦、強盗、誘拐の嵐が吹き荒れ、女性たちには暗黒の時代が続きました。

難民支援が停滞したため、ＲＡＷＡはマラライ病院を継続できず、１９９４年に病院を閉じて、小さな診療所の支援にとどめざるをえなくなりました。

周辺諸国の援助でつくられた「マドラサ」と呼ばれるイスラーム原理主義的教育の学校が、女性差別や「ジハード」を子どもたちに刷り込んでいました。その中から、パキスタンの支援を受けた「ターリバーン」という過激な勢力が生まれ、１９９６年、軍事力でカーブルを制圧しました。恐怖支配が始まり、女性差別がいっそう激しくなりました。女性の誘拐、殺人、ブルカの強制、女性が学校に通うことへの妨害が日常化しました。ターリバーン時代に女性への抑圧に抵抗した女性団体はＲＡＷＡだけです。

２００1年の9・11は状況に大きな変化を与えました。ターリバーン政権が崩壊し、アフガニスタンに「民主的な」新政権が誕生したからです。しかし、新政権の中枢にはアメリカの傀儡人物やかつての戦争屋たちがひしめいていました。

ターリバーン政権崩壊後、多くの難民がアフガニスタンに帰還しました。しかし、女性の自由と人権を掲げるＲＡＷＡはすぐには帰還できませんでした。カーブルでは女性の自由と人権は抑圧されたままだったからです。徐々に活動を移転し、２０１６年にはカーブルに全面的に移動し、アフガン内部で女性の権利を求める闘いは新しい局面を迎えました。

アフガニスタンに平和と民主主義を、女性と子どもたちに自由と平等と教育を求めるミーナーの娘たちの新たな闘いが始まったのです。

〈参考文献〉


アフガニスタン国際戦犯民衆法廷実行委員会編訳『アフガニスタン女性の闘い――自由と平和を求めて』耕文社、２００３年。

アフガニスタン国際戦犯民衆法廷実行委員会編訳『声なき者の声――アフガニスタン女性革命協会』耕文社、２００４年。

アフガニスタン国際戦犯民衆法廷実行委員会編『アフガニスタンの戦争犯罪』耕文社、２００４年。

メロディ・アーマチルド・チャビス著（アリス・ウォーカー序文／ＲＡＷＡと連帯する会訳）『ミーナ――立ち上がるアフガニスタン女性』耕文社、２００５年。

第3章　RAWAのいまとこれから

ヘワド高校の授業風景（2013年、清末愛砂）

清末愛砂

1　パキスタンからアフガニスタンへ

前章で紹介したように、２００１年11月末にターリバーン政権が崩壊し、12月22日に暫定政権が発足しました。ターリバーン政権以後の新しい政権の樹立については、９・11を受けて米国や英国などが対アフガニスタン軍事攻撃を準備している段階から、ローマで亡命生活を送っていたザーヒル・シャー元国王を中心にその計画が進められていました。しかし、元国王派と北部同盟（１９９６年に結成されたさまざまな軍閥やイスラーム主義諸勢力からなる反ターリバーンの連合体）との間で人選がうまくまとまらず、計画は難航していました。そこで国連が軍事攻撃開始後に両者の間に入り、２００１年11月末からドイツのボンで協議のための会議が開かれることになりました。その会議の結果、暫定行政機構、移行政権、そして正式政権の発足に向けたスケジュールに関する合意（ボン合意）がなされました。この段取りに沿って、２００１年12月に暫定行政機構、２００２年６月に移行政権、そして２００４年12月に正式政権が発足しました。

暫定行政機構の発足以後、それまでパキスタンのアフガン難民キャンプを主な拠点にして女性の人権のための活動を行っていたグループなどが徐々にアフガニスタンに戻り始めました。難民生活・亡命生活を送っているパキスタンにいても、新しいアフガニスタンをつくることができないからです。しかし、長年続いてきた外国軍の軍事侵攻や内戦などにより故郷を離れて難民生活を送ってきた多くの人々にとっては、帰国は大きな不安がともなうものでした。なぜなら、各国が巨額の支援金を拠出しながらアフガニスタンの復興が進められるとはいえ、本当に安定した社会になるという確証もなく、また故郷に戻っても家がきちんと残っているかどうか、仕事がみつかるかどうかなど、先行きがみえなかったからです。

ＲＡＷＡは母国で復興支援がはじまってからも、パキスタンでの生活を続ける多数の難民のニーズにあわせて、ラーワルピンディー（パキスタンの首都イスラマバードに隣接する昔からの街）や国境付近のヘワ難民キャンプで学校やクリニックなどを運営してきたほか、同難民キャンプの運営にも積極的なかかわりを持ってきました。もちろん女性の団結の力でアフガン社会を抜本的に変革することを第一の目的としているＲＡＷＡにとっては、母国で活動を行うことも非常に重要でした。したがって、ＲＡＷＡは拠点を徐々に母国に移しながらも、しばらくはパキスタンでも難民支援を続けるという二本立ての活動を並行させてきました。９・11直後は国際的にアフガニスタンが大きな注目をあび、その中でＲＡＷＡの訴えや活動への共感が広がったことから、パキスタンでの活動継続に必要な資金を海外からの寄付金でまかなうことが比較的容易でした。

しかし、２００３年以後、国際社会の目がまずはイラクそして近年ではシリアなど他地域の情勢に向けられるようになったことから、メディア報道を含めてアフガニスタンへの関心が全体的にぐっと低下し、ＲＡＷＡへの寄付金も集まらなくなっていきました。その結果、資金難からＲＡＷＡは時間を追うごとに難民支援を縮小せざるを得なくなったのです。また、２０１５年あたりからアフガニスタンとパキスタンの両政府が難民の帰還を強く促すようになったことから、帰国する難民が増えるようになりました。そこでＲＡＷＡは最後に残っていたパキスタンでの二つのプロジェクトのうち、先にペシャーワルで運営していたシタラ孤児院を閉鎖することにしました。そして、難民帰還の波が大きく高まることが予想された２０１６年３月にはラーワルピンディーで運営していたヘワド高校を閉鎖し、完全にパキスタンから撤退しました。

2　アフガン難民の人気校だったヘワド高校

ヘワド高校（Hewad High School）は、現在のＲＡＷＡの主要なプロジェクトであるビビ・アイシャ学校（ナンガルハール州ジャラーラバード近郊のウォロス・ダラにある小学校）の前身ともいえる学校でした。その教育方針は、ビビ・アイシャ学校の運用にもそのまま受け継がれていますので、ＲＡＷＡの精神を具体化した比較的近年の重要プロジェクトとして紹介します。

ヘワド高校は、小学校から高校までの教育課程を持つダリー語（アフガニスタンの公用語の一つで、公的に最も使われている言語）の教育機関でした。ＲＡＷＡから年ごとに送られてくる予算にしたがってオーストラリアのアフガン支援団体ＳＡＷＡ（Support Association for the Women of Afghanistan）と日本のＲＡＷＡと連帯する会が運営資金を提供し、ＲＡＷＡの教育方針にしたがって教育活動が行われていました。職員室には、ＲＡＷＡが3月8日の国際女性デーを記念するデモを行ったときに使った大きな横断幕やＲＡＷＡの設立者ミーナー（詳細は第2章をご覧ください）の写真などが貼られていました。なおアフガニスタンで行われた同様のイベントでも、他団体が同じデザインの横断幕をスローガンやロゴを変えて使用していた写真を見たことがありますので、このデザインは関連団体共通のもの

ヘワド高校全景。2013年までは別の場所で開校されていた（2014年、清末愛砂）

RAWAやヘワド高校関係者がパキスタンで行った国際女性デー記念イベントで使用した横断幕（2015年、清末愛砂）。右下にRAWAのロゴとヘワド高校の名が入っている。使用後に同校の職員室に飾られていた

のようでした。また、廊下や各教室などにもＲＡＷＡの各種のポスターが貼られており、ＲＡＷＡが運営していることがはっきりとわかる学校でした。

残念ながら、パキスタン社会で差別されがちなアフガン難民の学校であるため周辺の住民から理解を得にくく、出ていくように嫌がらせを受けることもありました。そのために、学校の場所を何度か変えざるをえませんでしたが、ＲＡＷＡはそうした嫌がらせにも屈せず、２０１６年の閉校まで長期にわたって学校運営を続けてきました。ヘワド高校で学んだ後に、ＲＡＷＡのメンバーになった卒業生もいます。ちなみにＲＡＷＡのメンバーになるのはそれほど簡単ではありません。ＲＡＷＡは、アフガニスタンの争いの原因の一つとなってきた各地を支配する諸軍閥やイスラーム諸勢力による女性に抑圧的な主張や、これらの勢力が対ソ連抵抗運動時代または内戦時代に行ってきた人権侵害をはっきりと批判してきたことから、アフガン社会では常に攻撃の対象となってきました。ＲＡＷＡのメンバーであることがわかると生命に危険が及びかねません。したがって、メンバーは匿名や別名での活動を強いられています。この状況に耐えることができなければ、ＲＡＷＡの活動に継続的にかかわることは難しいため、メンバーになるには相当な覚悟が必要です。そうした厳しい状況下でもメンバーとなり、現在まで活動を続けている卒業生（ヘワド高校だけでなく、これまでＲＡＷＡが運営してきた学校の卒業生を含みます）がいることは、ＲＡＷＡの活動の将来を考えると大変喜ばしいことです。

次に、ヘワド高校の運営面でＲＡＷＡの教育方針が明確に表れていた点をいくつか紹介します。アフガニスタンの学校は小学校から別学制をとっていますが、ヘワド高校はそれに反して小学校から中学校までは男女共学制を採用していました（高校からは同じ建物の中で別学のクラスを開講）。ＲＡＷＡ

ヘワド高校の職員室に飾られていたRAWAの創始者ミーナーの写真とRAWAのロゴ（2014年、清末愛砂）

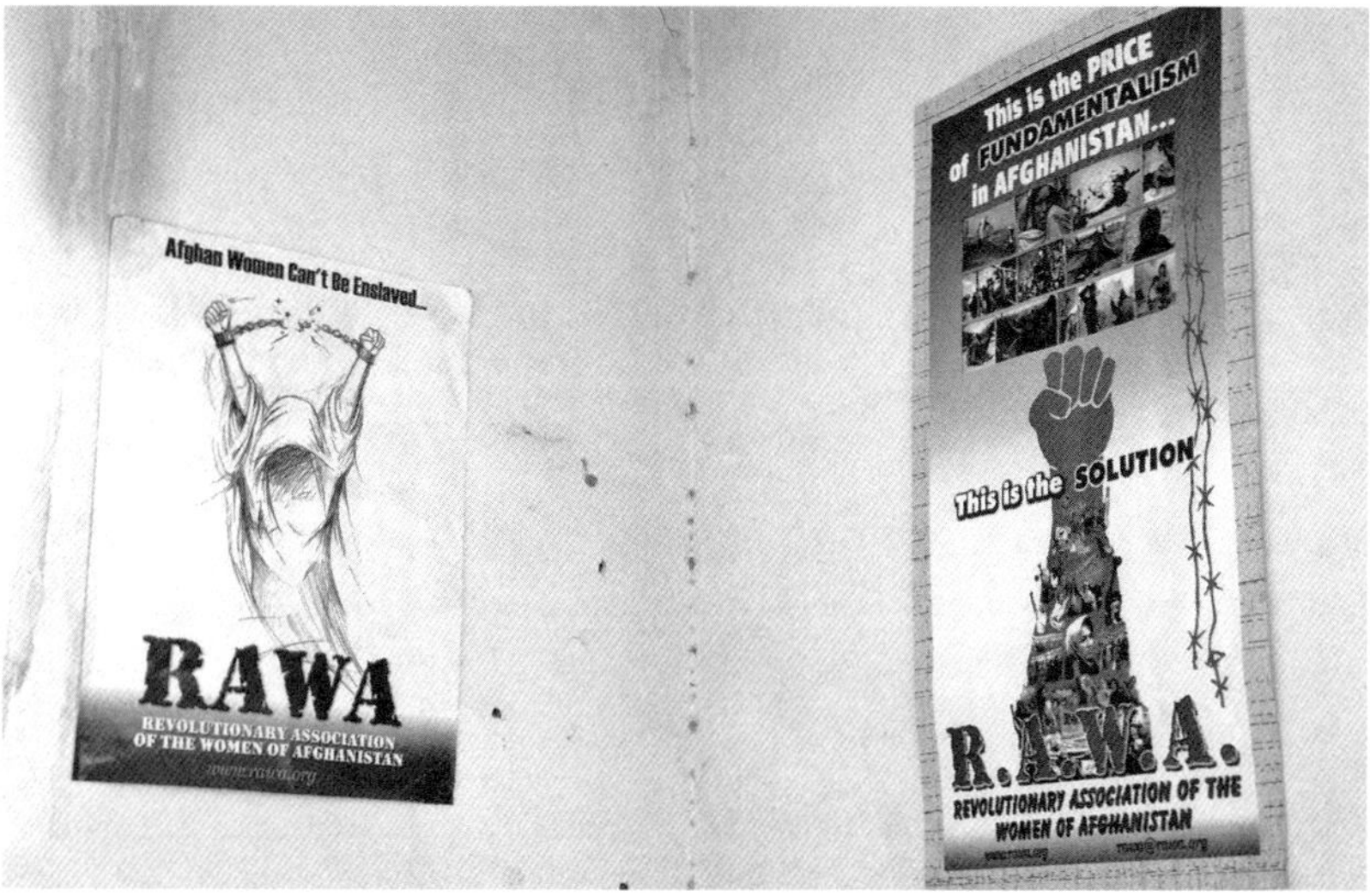

ヘワド高校の教室に貼られていたRAWAのポスター（2014年、清末愛砂）

小中学校では共学制をとっているヘワド高校（2013年、清末愛砂）

は設立時から、女性の権利と人権が守られる社会をつくるとともに、性別や民族などの違いにかかわりなくすべてのアフガン人が協力しあって民主的な国をつくりたいと考えてきました。そのためには別学ではなく共学にすることで、社会がさまざまな属性の人々から成り立っていることを体験的に学ぶことが重要だと考えてきたのです。

なお、ヘワド高校の学生は全員難民ですが、学生によって難民となった経緯や教育にアクセスできた時期が異なるため、日本の学校のように同学年の学生が基本的に同年齢であるとは限りません。同じクラスに明らかに他の学生に比べて年齢が上だとわかる学生が混じって勉強をしている光景を何度も目にしたことがありました。

共学に反対する親はヘワド高校に子どもを通学させることはありませんが、ヘワド高校

同じ学年に年齢が異なる学生が混じっていたヘワド高校（2013年、清末愛砂）

はラーワルピンディーにあるすべてのアフガン学校の中で最も人気がある学校でした。①授業のレベルが高いと評価されていること、②アフガニスタンの大学に進学する際に求められる科目をカリキュラムの中に組み込んでいること、そしてなによりも③貧困家庭出身の学生の授業料が免除されることがその理由でした。レベルが高い人気校といっても、設備は日本の学校とは比べものにならないほど質素で、印刷機やコピー機を使って学生用の資料を印刷することができるわけでもなく、学生数にあった教科書の冊数を十分に用意することができていたわけでもありませんでした（詳細は第5章をご覧ください）。それでも他のアフガン難民学校よりもはるかに環境がよかったのです。

学生は貧困家庭出身者が多く、高学年の男子学生の中には家計を助けるために放課後に市場などで働いている学生がたくさんいました。そのために高学年の授業は午前中に開講するように組んでありました。そうしなければ、学生は生活のために教育をあきらめなければならなくなるからでした。多くの学生は学費が免除されていましたが、学費免除制度には女児の教育へのアクセスを担保するためのもう一つのしくみが導入されていました。それは、経済的理由からすべての子どもの教育費を捻出することができない親が息子だけを通学させることを避けるための対策でした。具体的には、娘を通学させたら娘の学費だけでなく息子の分もあわせて免除する制度をインセンティブとして設けていました。ここまでしないと、貧困と男児優先の考えが結びつくことから生じる複合差別への実効的な対応は難しかったからです。女性の教育を重視してきたRAWAからすれば当然の策であったといえるでしょう。

3　RAWAのいま――情宣活動と人道支援

母国での活動に力をいれるようになったRAWAは、一緒に活動をする仲間を増やすために機関誌『女たちのメッセージ』に掲載されている記事などを読みながら議論する小さな集まりを定期的に開くようになりました。また社会でRAWAの主張を広めるために、3月8日の国際女性デーを祝う声明やたくさんの弾圧者を出した1978年の4月革命（社会主義革命）を忘れないようにするための抗議声明を含む各種の声明をダリー語と英語で発表したり（最近の声明の邦訳は第4章をご覧ください）、国際女性デーを記念する集会を企画・開催したりするなどの活動も行っています。同時にフェイスブックやツイッターのようなSNS（ソーシャル・ネットワーキング・サービス）、またはYou Tubeのようなインターネット上の動画配信サービスを介して、アフガニスタンの政治情勢やジェンダーに基づく暴力に関連する記事を国内外に向けて発信しています。インターネット上でＲＡＷＡの活動を知りたい場合は、以下のサイトをご覧ください。

ホームページ　：http://www.rawa.org
フェイスブック：https://www.facebook.com/RAWA.Afghanistan
ツイッター　：https://twitter.com/rawa77/
YouTube　：https://www.youtube.com/user/rawa77

また、ＲＡＷＡは貧困地域や自然災害の被災地に食料や医薬品を届けるとともに、活動に理解がある医者の協力を得て、これらの地域で医療活動をすることがあります。アフガニスタンは、日本と同様に大規模の地震や洪水などの厳しい自然災害にみまわれることがあるからです。近年でいえば、２０１８年の春頃から各地で深刻な干ばつが広がっており、たくさんの避難民を生みました。農業国であるアフガニスタンでは、いったん干ばつが起きると農民たちは生活の糧である農業を続けることができなくなるため、すぐに生活苦にあえぐことになります。一方、２０１９年３月には南部と西部で大きな洪水が起きました。このように人々は治安の悪化だけでなく自然災害によっても翻弄《ほんろう》される日々を送っているのです。したがって、今後も状況と必要に応じて、ＲＡＷＡが緊急人道支援活動を実施することが考えられます。ただし、被災地などでの活動はＲＡＷＡの本来的な活動（＝女性の団結により、すべての人々の人権が守られる民主的な社会を構築すること）ではないため、あくまで一時的なものです。なお、継続的に実施する医療支援活動としては、海外の支援団体からの寄付金を得て、パキスタンとの国境沿いにあるナンガルハール州で女性と子どものためのクリニックを開設・運営することを計画しているようです。

ＲＡＷＡのメンバーの数は正確にはわかりませんが、メンバーはさまざまな職業（ＮＧＯのスタッフ、研究者、弁護士など）に就きながら、活動に従事しています。アフガニスタンにはカーブルのような一部の都市部を除き、女性だけで外出することが大変困難な地域がたくさんあります。そのため、活動の継続のためには、一緒に動いてくれる男性の協力者・理解者の存在が必須です。

4　教育支援――女性のための識字教室とビビ・アイシャ学校の運営

２０１６年にヘワド高校を閉鎖して以来、ＲＡＷＡはアフガニスタンで女性の生活の向上や人権意識の醸成をめざして、何らかの教育プロジェクトをはじめることを考えてきました。その一つとして２０１７年にはじまったのがウォロス・ダラでの女性の識字教室です。参加する女性の都合にあわせて複数の少人数制のクラスを開講しています。読み書きを学ぶだけでなく、女性の権利や政治的課題などを議論する時間も設けられています。また、国際女性デーや女性に対する暴力撤廃の国際デー（11月25日）の祝賀会、参加者の学習成果の祝賀会も行われています。ウォロス・ダラでの成功を経て、２０１８年からは同様の識字教室がバーミヤーンでもはじまっています。

最後にビビ・アイシャ学校について紹介します。上述のように、ＲＡＷＡはパキスタン時代にヘワ

ウォロス・ダラの女性のための識字教室で女性に対する暴力撤廃の国際デーを祝う参加者たち（RAWA提供）

難民キャンプの運営にかかわってきました。

２０１７年、ナンガルハール州に帰還したキャンプの元住民（現ウォロス・ダラ住民）がＲＡＷＡに連絡をとり、子どものための学校を建設してもらえないかと要望してきました。元住民はＲＡＷＡが難民キャンプで学校を運営していたことを記憶しており、ＲＡＷＡだったら学校建設の相談にのってくれると思ったのです。それだけＲＡＷＡが元住民に信頼されているということでしょう。ここからビビ・アイシャ学校の建設計画が始まりました。長らく難民生活を送っていた元住民には建設費用はありません。ＲＡＷＡと元住民が協議を重ね、学校建設への支援を求める打診が日本のＲＡＷＡと連帯する会に寄せられました（詳細は第5章をご覧ください）。

２０１７年末にコンクリートの学校を建設するための工事が始まりました。しかし、学校ができあがるまで子どもたちを待たせるわけには

ビビ・アイシャ学校の開校式（RAWA提供）

いかず、テント学校で教育を行いながら、建設作業を進めていきました。それから半年後の2018年9月12日、ビビ・アイシャ学校が正式に開校式を迎えました。現在は午前8時から12時まで小学1年生から3年生までのクラスが開講されています。校長、4人の教員、2人の警備員の下で、150人（女児63人、男児87人）が数学、作文、英語、パシュトゥー語、美術、イスラームとクルアーンを学んでいるほか、週に何度か体育の時間も設けられています（2018年12月現在）。2019年9月から4年生と5年生のクラスも開講されることになりました。子どもの将来を考えると、6年生のクラスの開講が喫緊の課題といえるでしょう。将来的には資金面や教員の確保などで時間がかかるかもしれませんが、中学校の開校も強く求められるところです。

ビビ・アイシャ学校ではヘワド高校同様の

ビビ・アイシャ学校の授業風景（RAWA提供）

教育方針が採用されており、もちろん共学制をとっています。地元ではビビ・グル学校の愛称で呼ばれていますが、正式名はビビ・アイシャ学校です。ビビ・アイシャ（結婚後に名をビビ・グルに変更）はこの地域出身の女性で、ソ連の軍事侵攻に果敢に抵抗したことで知られています。彼女は１９８０年代に計６人の息子を失いました。一人は親ソ連政府に逮捕された後に処刑され、一人は対ソ連抵抗運動の中で命を落としました。残りの４人は数々の人権侵害を引き起こしてきた悪名高きグルブッディーン・ヘクマティヤール率いるイスラーム党によりペシャーワル（パキスタン）で誘拐された後に殺害されました。ビビ・アイシャはこのような悲劇を経験しながらも、ソ連だけでなく、原理主義的な主張を繰り返しながら人々を抑圧してきたイスラーム諸勢力に抵抗し続けた女性なのです。このような経緯で知られる女性の名を学校名として命名するセンスは、まさにＲＡＷＡらしいといえるでしょう。

ここまでがＲＡＷＡの近年の活動内容です。国際的にアフガニスタンへの注目度が低く、アフガニスタンの外から支援を得ることが難しい状況にありますが、アフガン社会が変わるまで、ＲＡＷＡのメンバーは闘いの手を緩めることはないでしょう。ウォロス・ダラの住民のようにＲＡＷＡを信頼する人々が国内に確実に存在していることも大きな励みとなるはずです。ＲＡＷＡのメンバーは常に身の危険とともにありますが、その名が国際社会で知られれば知られるほど、ＲＡＷＡを嫌うターリバーンを含む過激なイスラーム主義諸勢力などは手を出しにくくなります。ＲＡＷＡが活動を続けることができるかどうかの一つの鍵は国際社会が握っているといえるのです。

第4章　近年のRAWAの声明

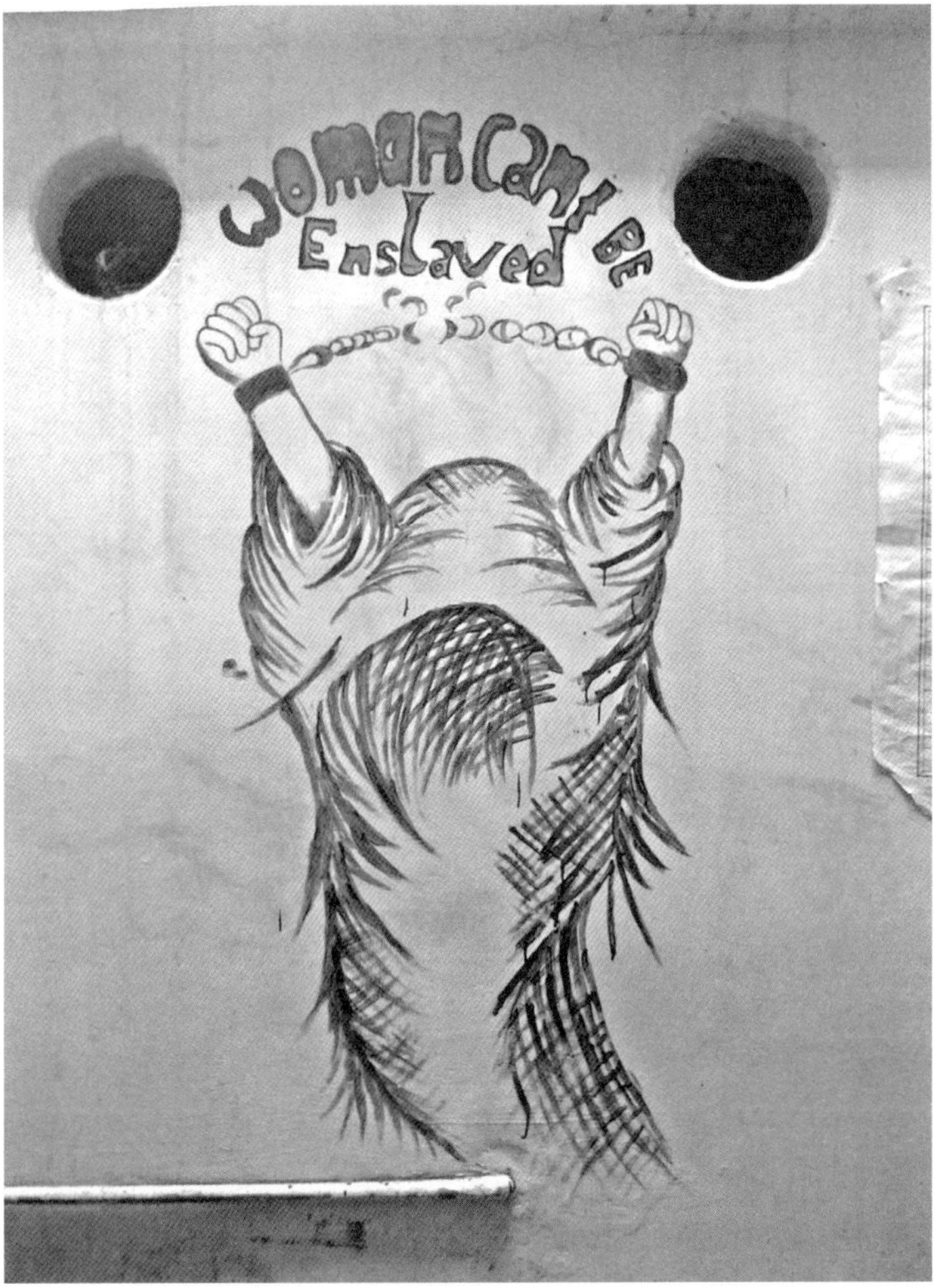

ヘワド高校の壁に描かれていた絵（2012年、清末愛砂）。
「女性は奴隷化されてはならない」と書かれている

本章ではRAWAが発表した近年の声明の中から、①2018年3月8日付の国際女性デー記念声明と②2019年4月28日付の米国およびターリバーンと過激なイスラーム主義諸勢力に対する抗議声明を紹介します。いずれもダリー語と英語で発表されていますが、本章では英語版の翻訳を掲載します。

女性たちよ、果敢な闘いでもって
外国の支配と我が国の圧政という鎖を断ち切ろうではないか

3月8日、RAWAはすべての女性たちにこの崇高な解放闘争のために団結し、ともに声を挙げていこう、と呼びかける

国際女性デーの前夜、我が同朋の女性たちはアメリカ、その手先であるターリバーン、イスラーム国（IS）、イスラーム過激派、テクノクラートによってもたらされたアフガニスタンという名の地獄の炎で焼かれ続けていた。17年前にアフガニスタンの女性を「解放」するという名目のもと、アメリカとその同盟者によって占領されたこの国では、現在専制政治と野蛮が支配しており、女性たちが数々の暴虐に直面している。一方、女嫌いの犯罪者たちは罰を受けないという自由を謳歌している。我が国の女性はアメリカが掲げた「民主主義と女性の権利」のもとで皮肉にも毎日筆舌に尽くしがたい暴力の犠牲になっている。それらは殺害、火あぶり、手足の切断、打擲《ちょうちゃく》、強かん、投石による死、公衆の面前での鞭打ちなどである。

一番最近では、大統領府内の仲間の協力を得たパキスタンの軍統合情報局（ＩＳＩ）とイランの情報省（ＶＡＪＡ）の支援のもとで、ターリバーンとＩＳは沢山の犠牲者を出した自爆攻撃を何か所かで行った。その結果、カーブルと他のいくつかの州で何百人もの無辜の人びとの命が奪われた。女性の犠牲者も少なくなかったが、それ以上にそれぞれの自爆攻撃は愛する子を失った何百もの嘆きの母親たちを作りだすのである。このような涙にくれる母親たちは見る人びとの心を痛めるが、同時に実行犯たちを非難せざるを得ないほどの怒りを人びとにもたらす。特に悪名高いイスラーム過激派の軍閥の長であり、ＩＳＩのお気に入りであるグルブッディーン・ヘクマティヤールが、恥知らずにも自爆攻撃を「殉教を求める行為」として宗教的に説明しようとしたとして非難したのである。

毎日のように女性たちを苛ませている苦悩や苦痛をもたらしているのは、ターリバーンとＩＳだけではない。アメリカとＮＡＴＯと彼らの援助を受けている政府もまた、ジャラーラバード、クナル、ファラー、ルガル、パクティヤーおよびクンドゥーズなどで空爆の不意打ちを食らった、罪のない女性たちや子どもたちへの致死的な傷害を与えたことに責任を負うべきである。「警察補助者（parapolice）」のもとで活動するイスラーム過激派の軍閥とその武装したならず者集団が、殺害、強かんや誘拐といった女性に対する深刻な暴力の実行者である。数多くの女性が強かんされたあと、家庭内での暴力を永遠に避けようとして「穢された純潔」を浄化させるための自殺や焼身を選ぶのである。我らが同朋の女性たちは、自らの解放のために必要とされているのが自身を焼くことではなく、ガニー大統領とアブドゥッラー行政長官その他悪事を働く人間たち（氏名略、訳者）の支配に真っ当にぶつかっていくことにあることに気づく段階に達していない。

敬愛する女性のみなさん、
甘い言葉や仲間のような口調で近づいて来るいくつかのNPOや「市民社会」[1]に属する女性たちには、現在女性たちを縛り付けている弾圧の鎖を断ち切る度胸がないと私たちは固く信じている。独立、自由そして女性解放を求める闘いは、間違っても海外からの援助を基にして実行されるプロジェクトを指すわけではない。それは粘り強い闘争のことを意味する。そしてこの闘争は反動主義者やその外国の主人たちに対して断固たるそして揺るぎのない立場で立ち向かう進歩的な女性や男性により、内側からわき起こされてこそ達成できるものである。3月8日にRAWAはすべての女性に団結せよ、そして声を挙げることでこの崇高な解放闘争にともに参加しようと、呼びかける。かつての恐れを知らない先達たち、クララ・ツェトキン[2]、ローザ・ルクセンブルク[3]、サキネ・ジャンシス[4]、ミーナー、マルジエ・オスクウエ[5]、シリン・アラムフリ[6]、ゾヤ[7]、レイラ・カシム[8]、ナヒード・サイード[9]が採った方法と手段を使って。
最後まで闘い抜こう、けっして振り返らずに。

2018年3月8日　アフガニスタン女性革命協会

【訳者注】
1　「市民社会」とカッコつきになっているのはRAWAの見解によると、現在のアフガニスタンの市民社会は民主主義の柱となるべきという本来の性質から外れ、私利私欲に走る一部の人間に牛耳られていて健全な市民社会ではないからである。
2　クララ・ツェトキン：Clara Zetkin（1857〜1933）、ドイツの女性革命家。社会主義者鎮圧法が施行されている時代にドイツ社会民主党に入党。党の女性組織と教育、文化活動に従事。（B）

3　ローザ・ルクセンブルク：Rosa Luxemburg（１８７１〜１９１９）、ドイツの女性革命家、社会主義者。ポーランド生まれのユダヤ人。93年ロシア・ポーランド社会民主党を結成。95年ドイツに入国、ドイツ社会主義運動に指導的役割を果たす。（Ｂ）

4　サキネ・ジャンシス：Sakine Cansiz（１９５８〜２０１３）。ＰＫＫ（クルディスタン労働党）創設者の一人。１９８０年代のクルディスタン独立活動家、フェミニスト活動家。２０１０年1月パリにて暗殺。（Ｗ）

5　マルジエ・オスクウエ：Marziyeh Oskouee。イランのパフラヴィー政権（親米の独裁政権）時代の革命的な活動家。反体制的な立場から文筆活動を行うとともに、ストライキや武装闘争に従事したイラン初の女性であった。武装闘争の中で失命。（Ｒ）

6　シリン・アラムフリ：Shirin Alamhuli（１９８１〜２０１０）。イラン西アザルバイジャン州のクルド人居住区生まれ。反政府ゲリラグループに同調したという理由で２０１０年5月にテヘランで処刑。（Ｈ）

7　ゾヤ：Zoya（１９７８〜）。戦争で荒廃した地に生まれ、両親をイスラーム原理主義者により殺害された。祖母とともにカーブルおよびパキスタンにて生活。アフガニスタンに戻り、ＲＡＷＡの活動に参加。（Ｚ）

8　レイラ・カシム：Leyla Qasim（１９５２〜１９７４）。イラクのバース党政治に反対したクルド人活動家。１９７４年4月に逮捕され、5月に処刑。バース党によるクルド人への圧政を批判してきた彼女はクルド人の間では国民的殉教者として記憶されている。（Ｗ）

9　ナヒード・サイード：Nahid Saed。親ソ連政権時代に抗議デモの中で射殺されたアフガン人の女性活動家。（Ｒ）ナヒードについては本書第２章でも紹介されているので、そちらを参照されたい。

［略歴は主に①ブリタニカ国際大百科事典電子辞書対応小項目版：ブリタニカ・ジャパン（Ｂ）、②英語版ウィキペディア（Ｗ）、③訳者からの問い合わせに対するＲＡＷＡからの回答（Ｒ）、④Human Rights & Democracy, Iran (https://www.iranrights.org/memorial/story/-5375/shirin-alamhuli-atashgah)（Ｈ）、⑤Zoya with John Follain and Rita Cristofari, *Zoya's Story : An Afghan Woman's Struggle for Freedom*, New York, Harper Collins Publishers, 2003.（Ｚ）を参考に作成］

（翻訳：高田道子）

ターリバーンにせよ、イスラーム過激派の犯罪者集団にせよ、アフガン人民を代表する勢力ではない

4月27日、28日の暗い記念日に寄せてのＲＡＷＡの声明

国民こぞっての哀悼の日であるペルシア歴サウル月の7日8日[1]ではあるが、今年は同じ日にアメリカがもう一つのアフガニスタンに対する反逆を行った。アメリカはかつてターリバーン政権崩壊後にイスラーム過激派たち（氏名略、訳者）を要職に就けたが、それに次ぐ反逆である。私たちがそして他の自由を求める人々が予測したとおり、アメリカはターリバーンを敵対者リストから除外しただけでなく、何千人ものアフガニスタンの若者を惨殺した、パキスタン、カタール、サウジアラビアの追従者に過ぎないターリバーンに対し、彼らの同類者であるイスラーム過激派に次ぐ力を与えようとしている。かつて残虐なヘクマティヤール一派が果たしたように、我が国におけるアメリカの占領軍の政治的かつ経済的な優位さを献身的にかつ終生守るという役割をターリバーンに担わせようとしているのである。

間違いなく私たちの国民は平和を渇望している。しかしながら以前とは比べ物にならない力と特権を手にするであろう殺し屋、略奪者そして傭兵であるターリバーンとの和解が意味するところは、彼らのイスラーム国家的統治下に味わわせられた地獄の業火の再来である。そのような「平和」はより大きな荒廃と破壊しか産まない戦争への下地をつくることになろう。アメリカの今回の反逆はかつての在アフガニスタン米国大使そして現在の平和特使であるザルメイ・ハリールザードを通して行われた。ハリー

ルザードはカルザイ、イスラーム過激派や反動主義者たち（氏名略、訳者）、「市民社会」などなどによる根回しを利用したのである。そしてターリバーンとの話し合いをモスクワかドーハあるいはほかの場所で持とうとしているのである。下院の女性の権利・人権・市民社会委員会の長でもあるファウジア・クーフィの言った「ターリバーンは面白くなってきた」[2]に反して、ターリバーンはその性格を一向に変えていないし、「面白く」もなっていない。豹がその斑紋を変えられないようにターリバーンもその性格を簡単に変えることはできないのだ。ターリバーンが連合してだろうがあるいは単独であろうがよしんば政権を握ったならば、（ソ連撤退後の）残虐で不誠実なイスラーム過激派支配の時代に「『不信心』のカーブルは焼き払われるべきだ」と言ったサヤーフの例に倣うであろう。美徳推進悪徳防止省を復活させ、法令を使って老若男女を問わずアフガニスタンの人々に意趣返しをするであろう。権力と金のためならば誇りや矜持を捨てることもやぶさかでない人々は彼らの主人であり祖父であるハリールザードの命令に従い、ターリバーンの前に額づき、彼らの血に汚れた手を握り、彼らの後ろで祈り、私たち人民への攻撃を手助けし、我が国をパキスタンに熨斗《のし》をつけて差し出すであろう。

この間ガニー大統領はターリバーンとの交渉に備えて彼の間抜けな参謀たちとじたばたしていた。アメリカに侮辱されたと感じたガニー大統領は臆病にもアタ[3]やモハッケク[4]と取引をしたが、その取引は何ら成果を産まなかった。ターリバーンは毎日多くの兵や一般市民を殺害し、あちこちの地域を焼き払い、無力な住民たちに退去を強いてきた。ガニーは目的達成のため方々で助力を求めたが、賛同者は２５０人に終わり、パキスタン軍統合情報局（ＩＳＩ）がつくったターリバーンの嘲笑を買っただけであった。

もちろん人々は人々の間に何ら基盤を持たず、原理主義者たちやかっこいいネクタイを締めることやアメリカの代弁者を模倣することにしか心を砕かないＣＩＡの育てたテクノクラートからなる傀儡政権が、政府内の犯罪者や堕落した役人を一掃したいと願っているとも、その能力があるとも、またアフガニスタンを堕落から救い出すために人々を武装させてターリバーン、イスラーム国（ＩＳ）、その他のテロリストたちとの決戦に挑ませようとしているとは思ってはいない。そのような仕事は私たち人民の蜂起と、この40年間で蔓延《はびこ》ってきた犯罪者たちの撲滅や一掃、そして自由・民主主義を謳った旗をこの満身創痍のアフガニスタンに掲げることで初めて可能である。そしてそのアフガニスタンには宗教的あるいは非宗教的にかかわらずＣＩＡ、ＩＳＩやイラン、サウジアラビア、カタールなど専制的宗教国家の追従者の存在は認められないのである。これらはただの掛け声だけではない。この瞬間もスーダンやアルジェリアの女性や男性が彼らの専制的で原理主義者に乗っ取られた政府を倒し、歴史のくずかごに捨てるべく、政府の弾圧にも恐れをなさず闘っているのである。イギリスやロシアの侵略者たちに抵抗した輝かしい歴史を誇る我が国がターリバーンやＩＳそしてその仲間たちを倒さないでいられようか。

人々の目からすればターリバーンは「強く」「至高」と思われるかもしれない、しかしそうではない。弱さ、効率の悪さ、根深い汚職、パキスタンとイランの協力者による強い影響力、そしてガニー大統領とアブドゥッラー行政長官の政権内にＣＩＡによってもたらされた、無教養、反動的、中世的思考、そして最も大事なことはＩＳＩがつくったターリバーンが力強く思えるというマフィアのルールなどなどによってそう見えるだけである。またアメリカの役人によるプロパガンダ、ターリバーンを「無敵」として描いたメディア、そしてターリバーンを「占領への反対勢力」と呼んだ国内外の知識人たちなどがターリバーンは強力かつ強大な勢力であると思わせたのである。

しかし、我らが国民はもしパキスタンがほんの一週間でもターリバーンへの支援を止めたならば、彼らの後ろ盾は崩れ彼らの恥多き生活も終わりを告げるであろうことを知っている。反動的な政府によって作られ育てられ、数々のおぞましい虐殺を行ってきた集団が、再び権力をそして自分たちの運命を手中にし、アフガニスタンを何世紀も遡った時代に戻させることはできないし、やってはならないことを人々はわかっているのである。ターリバーンがシャマリやハザラの人々が住んでいた地域で行った虐殺、教員や学生、ジャーナリストの殺害、そして学校の焼き討ちを人々はけっして忘れていないのである。常々申し上げているが、我らが国民はけっしてターリバーンを許さないし、必ずや彼らを罰するであろう。たとえアメリカやパキスタンでの支援がいかに強力であろうとも、バーミヤーンの仏像を破壊したことだけでも罰に値するのである。

民主主義と独立を求める勢力にとっては国民の間にこの意識、憎しみ、怒りを深くそして広く持たせ、持続的かつ勝利をもたらす運動を男女を問わず幅広く展開することがなすべきことである。ターリバーンとそのイスラーム過激派に対する闘いへの女性の参加が肝要であり、決め手である。女性は自分たちが独立・民主主義・世俗主義を求めての、そして原理主義に抗する勇敢な闘いに参加することにより重要な歴史的役割をはたせることを知るべきである。だがけっしてアメリカ大使館に駆けつける、ハリールザードへの忠誠を誓うという「ＣＩＡ」ウーマンが採っているやり方ではなく。我々の闘う女性たちはそのようなやり方を苦々しく思っている。マラライ、ナヒード、ミーナーそしてイラン、クルディスタン、トルコその他の地域の闘う女性たちこそが私たちを鼓舞しており、それゆえ私たちは敵の拷問や抑圧にけっして屈しないのである。

私たちの自由を求める同朋たちよ、

ターリバーンを権力に加えることにより、もっと厳しく、恐ろしい日々が私たちを待ち受けるであろう。私たちには二つの選択肢しかない。すなわち、恐怖、意気地のなさ、屈辱のあまりに屈服するか、あるいはターリバーンやイスラーム過激派の反逆者たちそして彼らの共犯者たちと勇敢にかつ強固に闘うか、である。二番目の道を進もうではないか。それからアフガニスタンの人々はイラン、スーダン、アルジェリアその他の国々の人々と同様に、活発に活動しており、自由と民主主義、社会正義、そしてサウル月の7日8日の汚れを自分たちの歴史から消し去ることを渇望していることを世界に示そうではないか。

ターリバーンやそのイスラーム過激派の同類者たちおよびそれらの共犯者たちを打倒しよう！

原理主義の悪疫から解放された民主的独立国家アフガニスタン万歳！

２０１９年４月28日　アフガニスタン女性革命協会

【訳者注】

1　西暦４月27日28日：１９７８年のこの日にダーウード・ハーン大統領に対するアフガニスタン人民民主党支持者によるクーデターが起きた。

2　アフガニスタンでは「面白くなって来た」は最大の侮辱を意味する。

3　アタ：元バルフ州の知事。２０１９年２月にモスクワで開かれたターリバーンとの和平交渉にカルザイ前大統領、モハッケクとともに参加。

4　モハッケク：カルザイ暫定政権時代の副首相兼計画相。２０１９年１月、ガニー大統領により第二副大統領職を解任される。

（翻訳：高田道子）

解説

清末愛砂

①の声明の冒頭では、米国などが攻撃を正当化する論理として「アフガン女性の解放」を掲げた2001年の軍事攻撃のまやかしを示すために、攻撃により崩壊したターリバーン政権以後に国際社会の後押しで政権の座についた過激なイスラーム主義諸勢力（1996年に反ターリバーン勢力として結成された北部同盟を構成していた諸勢力など）が、ターリバーン同様にミソジニスト（女性を蔑視または憎悪する者）であることが指摘されています。RAWAがこうした主張をすることははじめてではありません。一貫して、（1）ターリバーンや過激なイスラーム主義諸勢力の存在がさまざまな形態のジェンダーに基づく非情な暴力を生み、また（2）民主的なアフガン社会の構築を阻害する大きな原因になってきたと厳しく批判してきました。

そのためにRAWAメンバーはこれらの勢力に敵視され、常に身の危険にさらされてきました。しかし、RAWAはこのような事態にあってもけっしてひるまず、毅然とした態度を貫いてきました。この声明においても、状況を変えるためにはイラク、トルコ、ドイツなど世界各地で抵抗してきた勇気ある女性（その中にはRAWA設立者のミーナーなども入っています）の闘いに続き、今後のアフガニスタンでも女性が団結し、声をあげることが必要だと説いています。まさに国際女性デーを記念する力強い声明だといえるでしょう。

②の声明は、2018年7月以後、ターリバーンとの直接交渉を行っている米国を強く批判しながら、パキスタンが後ろ盾になっているターリバーンが米国の力を借りて再び公的な意味で力を持つよ

うになると、アフガニスタンの人々がいま以上に厳しい抑圧的状況におかれることを激しく懸念する内容となっています。実際にターリバーンはすでにアフガニスタン各地でその支配力を広げており、対立する政府軍との間で戦闘が起きています。さらにはイスラーム国（ＩＳ）がシリアからアフガニスタンに流れ込んでおり、想像を絶するほど厳しい情勢が続いています。こうした政治情勢があるからこそ、ＲＡＷＡは一般のアフガン人が切に希求している平和なアフガン社会を築くためには、力を復活させたターリバーンや現行のアフガン政府の中枢を占める多数の過激なイスラーム主義諸勢力を倒すことが必須だと訴えているのです。

ＲＡＷＡがサウル革命（4月革命）の負の「記念日」にこのような内容の声明を発表したのは、現況が同革命以後の苛酷な状況と重なると感じているからではないでしょうか。サウル革命とは、声明の訳者注でも簡単に説明されているように、１９７８年4月27日にアフガニスタン人民民主党を支持する軍隊がダーウード・ハーン大統領（当時）とその一族などを殺害し、同29日にヌール・ムハンマド・タラキーを首相とする抑圧的な社会主義政権が樹立された出来事を指します。サウル革命はその後の多数のアフガン人に対する卑劣極まりない弾圧（その中にはミーナーの暗殺も含まれます）や、長期にわたるソ連の軍事侵攻をもたらす原因になったことから、人々の間で暗黒の記念日として記憶されています（詳細は第2章をご覧ください）。

第5章　RAWAと連帯する会のとりくみ

桐生佳子

ヘワド高校でリトマス紙を使った理科実験を教えている桐生佳子
（RAWAと連帯する会事務局長）（2015年、清末愛砂）

1　RAWAと連帯する会の歩み

皆さんは、「9・11」を知っていますか？　若い方々は「聞いたことあるような、でもどんなことだったかな？」とか「アメリカで飛行機がビルに突っ込んだテロがあったらしい」というくらいの感想を持たれるでしょうか。

2001年9月11日、ニューヨークの世界貿易センター（ワールド・トレード・センター）ビルに2機の飛行機が突っ込み、ビルが崩れ落ちるとともに多くの死傷者が出る事件が起きました。この時、これらの飛行機に加え、もう2機の飛行機がハイジャックされ、1機はペンタゴン（アメリカの国防総省）に突っ込み、残りの1機は墜落しました。これらの一連の出来事は「9・11同時多発テロ」と呼ばれています。

この事件は私たちにとっては降ってわいたような大事故でした。世界中の人々がテレビの報道にくぎ付けになり、何度も何度も繰り返し飛行機がビルに突っ込んで崩れ落ちる映像を見ていました。そして、「なんでこんなことが起こったのか」「単なる飛行機事故ではなさそうだ」という不安に駆られていました。その後、私たちは訳が分からないまま、アメリカ政府から「『国際テロ組織アル＝カーイダ』の犯行だ」「テロの首謀者はオサーマ・ビン・ラーディンで、アフガニスタンに匿われている」という発表を聞かされ、「本当にそうなのか？」という思いを抱いていました。その後、世界の国々はアメリカ大統領のジョージ・W・ブッシュによる「テロの側につくのか、我々の側につくのか」という恫喝を受け、アメリカ側につくことにしたのです。時のアフガニスタンはターリバーンが支配していました。

「ビン・ラーディンを引き渡せ」というアメリカの要求に対し、ターリバーンは「証拠があれば引き渡す、しかし今のところ証拠はない」と拒否したため、10月8日にアメリカはアフガニスタンへの空爆を開始しました。ターリバーンは厳格で偏狭な宗教解釈により人々に多くのことを禁止していました。その中には、テレビを見ることやラジオを聴くことなども含まれていました。そのため、アフガニスタンの人々は自分たちが最新兵器で攻撃される理由がわからなかったとも言われています。

時の大統領夫人のローラ・ブッシュはこの対アフガニスタン攻撃を「虐げられているアフガン女性の解放のため」と言いました。そしてこうした考えは世界中で支持されたのです。また、アメリカは個別的自衛権の行使、アメリカに追従して軍事攻撃に参加した国々は集団的自衛権の行使と主張しました。アメリカなどの大国による圧倒的な戦力とアフガニスタン内でターリバーンと対抗していた北部同盟により、ターリバーン政権はあっけなく崩壊しました。もちろん日本政府はいち早くテロ対策特別措置法を制定し、インド洋上で海上自衛隊がアメリカ艦船に給油活動をすることで、この攻撃を支援しました。

この対アフガン攻撃に対し、2002年10月、アフガニスタンにおけるジョージ・W・ブッシュの戦争犯罪を裁くための「アフガニスタン国際戦犯民衆法廷」（ICTA）が発足しました。

ICTAは9回にわたるアフガニスタン・パキスタン現地調査を行いました。その時、現地で協力してくれたのがRAWA（アフガニスタン女性革命協会）でした。RAWAの協力で調査が進み、被害者の証言を得ることができました。ＲＡＷＡはＩＣＴＡの共同代表となり、日本で開かれた公判にも３度参加しました。その際に戦争被害者を同伴してくれたため、公判ではこれらの被害者が証言することができました。この民衆法廷は、２００４年３月13日にブッシュに対して出された有罪判決をもって終了しました。この間の民衆法廷運動については、アフガン戦犯法廷準備委員会編『ブッシュの戦争犯罪を裁く――アフガン戦犯法廷準備編』（現代人文社、２００２年）、アフガニスタン国際戦犯民衆法廷実行委員会編『ブッシュの戦争犯罪を裁く Part2』（現代人文社、２００３年）、アフガニスタン国際戦犯民衆法廷実行委員会編『アフガニスタン国際戦犯民衆法廷ＩＣＴＡ公聴会記録』第１～10集（耕文社、２００３～２００４年）、同編訳『声なき者の声――アフガニスタン女性革命協会』（耕文社、２００４年）、同編『アフガニスタンの戦争犯罪』（耕文社、２００４年）、前田朗『民衆法廷入門』（耕文社、２００７年）に詳しく書かれています。

ＩＣＴＡ運動は終わりましたが、ＩＣＴＡはアフガン女性を単に被害者・犠牲者として位置付けるのではなく、自由と平和を求めて敢然と闘う先人として理解していました。ＲＡＷＡの闘いは私たちの反戦平和運動に多くのことを教えてくれました。そこで、ＲＡＷＡとの連帯を継続するということで、２００４年に「ＲＡＷＡと連帯する会」（ＲＡＷＡ連）が結成されました。ＲＡＷＡ連の趣旨は以下の通りです。

【活動趣旨】

世界で最も貧しく、戦乱と飢餓にあえいできたアフガニスタンで、女性の権利、自由と平和を求める毅然とした闘いを続けているＲＡＷＡは、私たちにこの世界で生きることの本当の意味を教えてくれていると考え、ＲＡＷＡと連帯する活動を通して困難に立ち向かう勇気と明日を信じる力を受け継ぎ、アフガニスタンと日本、場所も条件も違う中で私たち自身を取り巻く社会を少しでも良くしていく。

2　ＲＡＷＡと連帯する会の具体的な活動

(1) RAWAとの交流

ターリバーン政権崩壊後、ＲＡＷＡの活動は徐々にアフガニスタンに戻しながらもパキスタン国内でも続けられていました。そのため、私たちもパキスタンを何度も訪問し、ＲＡＷＡとの交流を行いました。

ＲＡＷＡが運営にかかわる、民主的なキャンプであったヘワ難民キャンプ（ペシャーワル近郊。現在は閉鎖）には、これまで4回訪問しました。ここには男子校と女子校があり、子どものための宿舎もありました。また、クリニックも開設されており、私が訪問した時は近辺のキャンプからも母親たちが赤ん坊を連れて予防接種を受けに来ていました。ここでは井戸が掘られ、美しい水をこのキャンプのみならず近辺のキャンプにも供給しているとのことでした。救急車も常備され、クリニックで手当てができない患者は大きな病院に搬送できるようになっていました。ペシャーワルにはＲＡＷＡが運営するシタラ孤児院もあり、そこへの訪問も行っていました。私たちの支援の中心である、ＲＡＷ

ラーワルピンディー（パキスタン）で行われた国際女性デーの集会（2010年、林英樹）

Ａが運営するアフガン難民のためのへワド高校の近くにあるワタン孤児院には、毎回訪問してきました。

２０１０年から私たちはアフガニスタンを訪問するようになりました。長い年月、数百万人と言われるアフガン難民がパキスタンで暮らしていましたが、昨今では帰還がどんどん進められ、ビザがないアフガン人は住むことが困難になりました。難民の帰還の動きなどを受け、ＲＡＷＡのパキスタンでの活動が縮小され、アフガニスタンでの活動に重点がおかれるようになっていきました。アフガニスタンでは、ＲＡＷＡとの話し合いを中心にしながらも、女性のための活動を展開しているＮＧＯや民主的な政党・国会議員との交流、子ども病院や戦争被害者のための病院なども訪問してきました。この訪問を通して、ＲＡＷＡ支援団体であるイタリアのＣＩＳＤＡのメンバーとも現地で交流することができました。次ページ左下にこれまでのパキスタンとアフガニスタンへの訪問歴を示します。

（2）会報の発行

私たちはこれまで会報として『ジンダバー・デモクラシー（Zindabad Democracy）』（これまで29号を発行）と『アンバスタギ（Hambastagi）』（関西メンバーによる発行。現在休刊）を発行してきました。会報を通して、アフガニスタン情勢とともに、私たちがオーストラリアのアフガニスタン支援団体であるＳＡＷＡと共同出資の形で資金援助をしてきたヘワド高校の様子について知らせてきました。加えて、アフガニスタンの文化や歴史、料理などの紹介のほか、混迷するアフガニスタンで生じる問題をニュースクリップとしてまとめたものを掲載してきました。最近では、アフガニスタン東部ナンガルハール州ジャラーラバード近郊のウォロス・ダラにあるＲＡＷＡ運営のビビ・アイシャ学校の建設・開校に向けた動きをお知らせしてきました。

（3）学校支援

イスラマバードと隣合わせにあるラーワルピンディーで、ＲＡＷＡがヘワド高校（小学校1年生から高校3年生まで）とワタン孤児院を運営していたため、閉鎖にいたるまで何度も訪問しました。毎回、ヘワド高校の学生の授業を参観し、教員と交流を図りました。この交流を通して、教員から学校運営の様子や課題に関する意見を聞くとともに、パソコンや浄水器、文具、電気を安定的に使える器具などを購入し寄

年　度	訪問先
2004	パキスタン
2007	パキスタン
2008	パキスタン
2009	パキスタン
2010	アフガニスタン
2011	アフガニスタン
2012	パキスタン
2013	パキスタン アフガニスタン
2014	パキスタン
2015	パキスタン アフガニスタン
2016	パキスタン
2018	パキスタン

付してきました。日本の支援者の皆さんから寄付していただいた文具や顕微鏡などを持参したこともあります（理科室整備キャンペーン）。また、学生が使っていた机と椅子の老朽化が進んだため、新しい机と椅子を買うための「椅子キャンペーン」も実施しました。一定の寄付が寄せられたため、ラーワルピンディーにある家具屋に足を運び、椅子と机を注文し、できあがったものを一つ一つ点検し、学校に運び込むところまで見届けました。

高学年の学生との直接交流や飛び入りの授業を行ったこともあります。東日本大震災と原発事故についての説明をすると、学生は大変熱心に聞いてくれました。2015年の訪問時には日本の改憲の動きについても話をしました。同じく2015年に行った「日本フェア」では学生が毛筆で習字を楽しむコーナー、顕微鏡で観察するコーナー、算数問題へのチャレンジコーナーなどを設け、私たちも学生とともに楽しみました。

その後、アフガン難民の帰還がさらに進み、ヘワド高校は2016年春に閉鎖されました。しばらくすると、ウォロス・ダラへの帰還難民（ヘワ難民キャンプの元住民）からRAWAに学校建設の依頼があり、RAWAがRAWA連へ協力要請をしてきました。アフガニスタンという困難な国で帰還難民が生きていくには教育は大きな力を持つと思われます。そこでRAWA連は資金集めに奔走することにしました。会員から寄せられる会費とカンパ、物品販売をして得た利益を貯め、これまで学校建設資金として4万米ドルを送ることができました。

2018年9月、ついにビビ・アイシャ学校が開校しました（ビビ・アイシャ学校の詳細に関しては第3章をご覧ください）。開校後に子どもたちや地元の人から次のようなメッセージが送られてきました。

ビビ・アイシャ学校（RAWA提供）

シーダ（RAWA提供）

アリ・サイード（RAWA提供）

「学校のない日はおうちでとてもつまらない。1週間毎日学校に行きたいな。教室のきれいなポスターや運動場で友達と遊べて楽しいです。シーダ、7歳」

「私たちはずっとこの地区に学校を望んでいました。この素晴らしい学校を作ったことに対してRAWAと日本のRAWA連に大変感謝します。数回学校を作ると約束した政府も、学校を創立するといって地区を調査した幾つかのNGOも約束を守りませんでした。このビビ・アイシャ学校が地区を変えるでしょう。私たちはこれまでここでは学校もなく何一つ教育に関するものがなかったので、今は幸せでこの学校を誇りに思います。アリ・サイード、29歳、住民」

（4）広報活動

ジャーナリストや専門家を招いてアフガン情勢やアフガニスタンのジェンダー問題などの講演会や学習会、時にはアフガン映画の上映会などを行ってきました。また、過去には「アフガンフェア」を関西の他のアフガニスタン支援3団体と共催し、アフガニスタン支援を訴える機会を持ったこともあります。近年では「アフガンカフェ」を開き、関西在住のアフガン人家族の協力を得て、アフガニスタンの食文化を中心にアフガン社会の理解を深めるとりくみをしました。２００６年にはＲＡＷＡのメンバーを、また２０１１年には元国会議員のマラライ・ジョヤさんを招き、沖縄・広島・大阪・京都・名古屋・東京など各地で講演会を開きました。

（5）物販活動

ＲＡＷＡへの支援金をねん出する一つの手立てとして、現地で購入して来たアフガングッズや書籍、会員による手作り製品などを販売しています。

（6）書籍

ＲＡＷＡ連の活動を通して、これまでに以下の２冊の本を出版しました。

・メロディ・アーマチルド・チャビス著（アリス・ウォーカー序文／ＲＡＷＡと連帯する会訳）『ミーナ――立ち上がるアフガニスタン女性』（耕文社、２００５年）。

・マラライ・ジョヤ著（横田三郎訳）『アフガン民衆とともに』（耕文社、２０１２年）。翻訳者の横田三郎氏はＲＡＷＡ連のメンバーです。

（7）今後の活動

ビビ・アイシャ学校では1年生から3年生までのクラスの開校が先行されましたが、２０１９年９月から4年生と5年生のクラスも増設される予定です。今後もビビ・アイシャ学校の運営支援を継続するとともに、6年生クラスの早期開講と中学校建設のための支援をめざします。
また、マスコミからほとんど取り上げられることがなくなったアフガニスタンの状況を社会で広く知ってもらうために、今後も出版、講演、現地訪問、ＲＡＷＡの日本招聘などの活動を粘り強く進めていきます。

（8）ＲＡＷＡ連の会員拡大

アフガニスタンやＲＡＷＡの活動に関心がある方、ぜひ会員になってください。ＲＡＷＡ連が主催したり、共催・協力したりする各種のイベント情報は、私たちのホームページ（http://rawajp.org/）から知ることができます。また、連絡先は以下の通りです。

ＲＡＷＡと連帯する会事務局
住　所：〒579―8063　大阪府東大阪市横小路町3丁目2―15　桐生佳子方
メール：rawa-jp@hotmail.co.jp

資料

ゆっくり読もう、アフガニスタン現代史

前田　朗

１９１９年　**アフガニスタン独立**。19世紀の2度にわたるイギリス・アフガニスタン戦争の結果、アフガニスタンはイギリスの保護領扱いになりましたが、第3次アフガニスタン戦争（グレート・ゲーム）の結果、憲法を制定し、立憲君主国となりました。近代化政策が採られ、カーブル国立大学や外国語学校を開設。女性はブルカを脱ぎ、女子学校も設置されました。

１９３３年　ナーディル・シャー国王暗殺。**ザーヒル・シャー国王即位**（以後40年間にわたって君臨しました）。ザーヒル・シャー国王時代は穏健な改革路線が採られたと言われます。１９５３年に首相に就任したダーウード殿下のもと、１９６０年代に改革がさらに進みました。ところがダーウードがソ連に接近すると、国王はこれを嫌い、63年にダーウード首相を解任しました。

１９５７年　**ミーナー、カーブルに生まれる**。

１９６４年　**近代化政策推進**。イスラームに依拠した伝統的価値を維持しつつ、西欧民主主義の影響を受けた憲法を発布し、近代的立憲君主制の体裁を整えました。新憲法起草には女性も加わりました。日本女性は憲法制定にほとんど関与したことがありません。女性がつくった憲法と言えば、

1979年のヴァヌアツ憲法がありますが、アフガニスタンのほうが早かったのです。72年にシャフィル内閣が発足しました。

1965年　アフガニスタン初の国民的選挙投票実施。女性も参政権を得て、投票しました。アフガン史において女性の社会進出が進んだ珍しい時期です。

1973年　国王ザーヒル・シャーがイタリアに滞在中、**クーデターが発生**しました。ダーウードがクーデターを起こし、共和制へ移行。ザーヒル・シャーはイタリアに亡命しました。ダーウード大統領は共産主義的政策を推進し、イスラーム協会等の全政治グループを禁止しました。

1974年　イスラーム協会メンバーは隣国パキスタンのペシャーワルへ逃亡しました。ラッバーニー、ヘクマティヤール、マスード等、後にムジャーヒディーンとなった者もペシャーワルへ逃れ、イスラーム協会、イスラーム党、アフガニスタン・イスラーム革命運動党、イスラーム団結党（後のイスラーム統一党）、イスラーム国民運動等の反政府ゲリラ組織を結成しました。

1976年　**ミーナー、カーブル大学入学**。女性解放を求めて活動を始め、76〜77年に**RAWAを立ち上げました**。

1978年　**ハルク派のクーデター**（アフガニスタン4月革命）、ダーウード大統領が暗殺されました。続いてタラキー大統領も暗殺されました。

1979年　さらにアミーン大統領も暗殺され、パルチャム派のカールマル大統領に。短期間に3人の大統領が相次いで暗殺されるという大混乱となりました。12月、反体制運動による治安悪化回復名目で、**ソ連がアフガニスタンに軍事介入**しました。ムジャーヒディーンの反ソ連抵抗戦争が始まりました。同年、隣国でイラン革命が勃発し、ホメイニ体制となりました。

1981年　RAWAニュース『**女たちのメッセージ**』**創刊**。ミーナー、フランス社会党の招待により、ヴァランスの国際社会党大会に出席し、ソ連による侵略を批判しました。

1982年　6月、ミーナーはパキスタンを経て夏にカーブルに戻りましたが、指名手配のためパキスタンに亡命せざるをえませんでした。これ以降、**RAWAはパキスタンで活動を強化し、学校、孤児院、マラライ病院の設立などを実現していきました。**

1986年　ミーナーの夫ファイズが暗殺されました。

1987年　2月4日、**ミーナー失踪。8月、ミーナーは失踪直後に殺害されていたことが判明**しました。

1989年　ジュネーブ合意、ソ連軍が撤退しました。10年に及ぶアフガニスタン侵略はソ連崩壊の一因となったと言われます。日本アフガニスタン合作記録映画『よみがえれカレーズ』（監督：土本典昭、熊谷博子、アブドゥル・ラティーフ）制作。

1991年　イラクのクウェート侵略の結果、湾岸戦争勃発。アメリカを中心とした連合軍がイラクを攻撃しました。

1992年　ラッバーニー政権が成立し、マスード派がアフガニスタンを支配しました。ムジャーヒディーンの内戦によりいっそうの混迷に陥り、民間人の誘拐、拷問、強姦、暗殺など暗黒時代になりました。

1994年　RAWA、マラライ病院を閉鎖（2002年に再開しましたが、数年で再び閉鎖しました）。この頃、パキスタンのアフガン難民キャンプにつくられたイスラーム原理主義的学校「マドラサ」でターリバーンが結成されました。

1996年　パキスタンの支援を受けた軍事集団ターリバーンが首都カーブルを制圧し、暫定政権を樹立しました。ムジャーヒディーンは反ターリバーン派（北部同盟）を結成し、ターリバーンとの抗争に入りました。

1998年　ターリバーンがマザーリシャリーフ、バーミヤーンも制し、国土の90%以上を制圧しました。アル＝カーイダが、ケニアとタンザニアでアメリカ大使館爆破事件を起こしました。

1999年　国連等の仲介による内戦和解交渉が決裂。人権抑圧のターリバーン制裁の国連安保理決議1267が採択されました。

２０００年　国連和解交渉決裂。ターリバーンに追加制裁の国連安保理決議１３３３が採択されました。

２００１年　ターリバーン、バーミヤーンの石仏等を破壊しました。アフガニスタンを無視する国際社会に対する挑戦の意味があったとされますが、世界遺産クラスの貴重な石仏が失われました。9月11日、**米国同時多発テロ発生**、アメリカはオサーマ・ビン・ラーディンとアル＝カーイダに容疑をかけました。10月、アメリカなどによる**アフガニスタン空爆**が開始されました。並行して、和平プロセスに関するボン合意が取り結ばれました。

２００２年　米軍攻撃によりターリバーン政権が崩壊し、北部同盟がカーブルを制圧しました。6月、緊急ロヤ・ジルガが開かれ、米軍が支援したカルザイ暫定政権議長を大統領とする移行政権を樹立しました。安保理決議により国際治安支援部隊（ＩＳＡＦ）が駐留し、アフガニスタンは国連監視下に置かれましたが、実態はアメリカによる支配でした。カーブルで初の女性デー式典が開かれました。アフガニスタンにおける戦争犯罪や人道に対する罪を裁くために、日本の平和運動が**アフガニスタン国際戦犯民衆法廷**（**ＩＣＴＡ**）運動を開始し、3年間に9次にわたる現地調査団を派遣しました。ＩＣＴＡ実行委員会にＲＡＷＡが加わりました。

２００３年　ＩＣＴＡ実行委員会編『アフガニスタン女性の闘い』出版。

２００４年　憲法制定ロヤ・ジルガが開かれ、新憲法が制定されました。10月、第1回大統領選挙でカルザイ大統領が選出されました。ＲＡＷＡ『声なき者の声』、写真集『アフガニスタンの戦争犯罪』

出版。**RAWAと連帯する会（RAWA連）が発足**しました。**RAWA連、パキスタン訪問団**（以後2018年までに11次のパキスタン・アフガニスタン訪問団派遣）。

2005年　メロディ・チャビス『ミーナ――立ち上がるアフガニスタン女性』翻訳出版。記録映画『ヤカオランの春――あるアフガン家族の肖像』（監督：川崎けい子、中津義人）制作。

2009年　第2回大統領選挙が実施され、カルザイ大統領が再選されました。

2010年　国会下院選挙が全土で実施されました。

2011年　ロヤ・ジルガの多数の議員が元ムジャーヒディーンであり、アフガン人を多数殺害した戦争犯罪者であると批判した女性マラライ・ジョヤが来日し、全国スピーキング・ツアーで、占領軍の撤退を訴えました。

2012年　「アフガニスタンに関する東京会合」が開かれ、日本政府による経済支援が決定。マラライ・ジョヤ『アフガン民衆とともに』翻訳出版。

2014年　第3回大統領選挙、紛糾。アメリカの介入により、ガニー大統領、アブドゥッラー行政長官が政治権力を分け合う国家統一政府発足。アフガニスタン史上初「民主的な政権交代」とされました。ISAFからアフガニスタン治安部隊に治安権限が委譲されました。

２０１５年　北大西洋条約機構（ＮＡＴＯ）主導の「確固たる支援」任務（ＲＳＭ）がアフガニスタン治安部隊に対し訓練、助言、支援を提供しました。スペイン・アフガニスタン合同制作映画『ボクシング・フォー・フリーダム』制作。

２０１６年　**ＲＡＷＡ、パキスタンから完全撤退し、活動をカーブル中心に**移しました。「アフガニスタンに関するブリュッセル会合」において、日本政府による経済支援が決定されました。

２０１７年　政府主導による和解会合「カーブル・プロセス」が開始されました。

おわりに

「この山を越えることができれば、アフガニスタンに行ける」ペシャーワル郊外で目の前にある山を見ながら、何度そう思ったことでしょう。私を含むＲＡＷＡと連帯する会のメンバーは２０１５年を最後に一度もアフガニスタンを訪問できずにいます。治安情勢の悪化が著しく、ビザの取得が困難な状態が続いているからです。私には一つの夢があります。それは苛酷な状況下にありながらも、あきらめずに音楽や絵の学びを続けてきたアフガニスタンの子どもたちとともにヴァイオリンを弾いたり、スケッチをしたりして楽しむことです。

こんなことを書くと、紛争によって人々が日々苦しい思いをしているというのに不届き極まりないことを考えるものだ、と批判する人もいるでしょう。こうしたお叱りを受けるかもしれないと思いながらも、あえて私は書かずにはいられないのです。なぜなら、ゆったりと音楽や絵を楽しむという行為は、すべての人々があらゆる暴力や貧困から解放され、心から安心できる生活を送る中でこそ可能になるものであるからです。

アフガニスタンの人々は、長きにわたり外国の政治介入や軍事侵攻、内戦、抑圧的な政府による支配、自然災害などにより筆舌に尽くしがたいほど酷烈な人生を強いられてきました。その中でもとりわけ女性は日常生活のさまざまな側面で差別や暴力を受けてきました。これはけっして過去の話ではありません。現在進行形の話です。一方、このような社会を変えるために非暴力による抵抗を粘り強く続けてきた人々がいます。本書で紹介したＲＡＷＡはその草分け的存在といえるでしょう。

RAWAの設立から40年以上の月日が経ちました。設立者ミーナーを暗殺されても断念しなかったRAWAメンバーの夢。これこそがまさにすべての人々があらゆる暴力や貧困から解放された社会の構築です。女性の団結の力で平和で民主的なアフガン社会をつくりあげることができる。このことを信じて、どんなにバッシングを受けようとも、夢の実現のために一歩ずつ歩みを進めてきました。

私にはもう一つの夢があります。それはいつの日かアフガニスタンで美味しい料理を囲みながら、RAWAのメンバーやその支持者、女性の人権の確立をめざして闘ってきたさまざまな女性団体のメンバーなどと一緒に平和で民主的なアフガン社会の〈継続〉をしゃべり疲れるまで語ることです。私が生きている間にその日が来るかどうかわかりません。それでも私はこの夢や先に示した夢をかなえるために、これからもアフガニスタンにかかわり続けたいと思っています。

残念ながら、日本を含む国際社会の人々の多くはアフガニスタンの存在を〈再び〉忘れ去ってしまったようです。無関心はアフガニスタンの状況をさらに悪化させる大きな要因となります。本書が再度アフガニスタンへの関心を呼び起こすきっかけをつくる資料となることを心から願っています。

最後となりましたが、苦戦を強いられている昨今の出版界において、本書の出版を快くお引き受けくださった耕文社代表の兵頭圭児さん、そしてメッセージや写真を寄せてくださったRAWAのメンバーにこの場を借りて厚く御礼申し上げます。

2019年7月2日　アフガニスタンの平和を希求しながら

筆者を代表して　清末愛砂

編著者プロフィール（執筆順）

清末愛砂（きよすえ あいさ）
室蘭工業大学大学院工学研究科准教授。1972年生まれ。専門は憲法学、ジェンダー法、家族法。アフガニスタンのジェンダーに基づく暴力の研究をライフワークの一つにしている。RAWAと連帯する会共同代表。

前田　朗（まえだ あきら）
東京造形大学教授。1955年生まれ。専門は戦争犯罪論、刑事人権論。RAWAと連帯する会共同代表。朝鮮大学校法律学科講師、日本民主法律家協会理事、国際人権活動日本委員会運営委員、平和への権利国際キャンペーン日本実行委員会共同代表。

桐生佳子（きりゅう よしこ）
RAWAと連帯する会事務局長。1949年生まれ。元小学校教員。2006年よりRAWAと連帯する会の活動に加わり、これまでアフガニスタンを５回、パキスタンを11回訪問。RAWAと連帯する活動を追求している。

平和とジェンダー正義を求めて
アフガニスタンに希望の灯火を

発行日　2019年10月１日　初版第１刷発行
編著者　清末愛砂　前田　朗　桐生佳子
協　力　RAWAと連帯する会
イラスト　myungja
発行者　兵頭圭児
発行所　株式会社 耕文社
〒536-0016 大阪市城東区蒲生1-3-24
TEL. 06-6933-5001　FAX. 06-6933-5002
ISBN978-4-86377-058-4　C0036　定価（本体1,000円＋税）
（落丁・乱丁の場合は、お取替えいたします）